Günther Hoppe
Elisabeth · Landgräfin von Thüringen

Günther Hoppe

ELISABETH

Landgräfin
von Thüringen

Wartburg Verlag

Die Deutsche Bibliothek - CIP-Einheitsaufnahme
Hoppe, Günther:
Elisabeth: Landgräfin von Thüringen /
Günther Hoppe. - 4. Aufl. - Weimar: Wartburg-Verl., 1996
ISBN 3-86160-018-8

Bild 1 (Frontispiz) Zwillingsfenster in der Kapelle des Palas der Wartburg, Doppelkapitell mit Schlangenbändigermotiv, Sandstein, letztes Drittel des 12. Jh.

ISBN 3-86160-018-8

© Wartburg Verlag Weimar
4. Auflage 1996
Printed in Germany · Alle Rechte vorbehalten
Umschlag: Klaus Nerlich, Weimar
Lithos: Brümmer & Partner · Satz: Quell Verlag Stuttgart
Druck und Buchbinderei: Weimardruck GmbH

Einleitung

Elisabethplan, Elisabethgang, Elisabethkemenate, Elisabethfresken, das Elisabethpatrozinium der einstigen Dominikanerkirche – all diese Namen machen darauf aufmerksam, daß die Wartburg und Eisenach einst Schauplatz von Aktivitäten einer außergewöhnlichen Frau gewesen sind. Elisabeth, die populärste Verkörperung mittelalterlicher caritas, und die Hauptburg der thüringischen Landgrafen waren einst im Guten wie im Bösen miteinander verbunden, den Höhepunkt ihres Wirkens hat die später Heiliggesprochene freilich nicht hier erlebt.

Elisabeth, seit 1211 im Lande, taucht erst ab 1224 häufiger auf der Wartburg auf und ist auf Grund der damaligen feudalen Wanderregierung ebenso für die Neuenburg wie die Creuzburg bezeugt. Doch fand auf der Wartburg jenes Ereignis statt, das den Wendepunkt im Leben der Elisabeth von Thüringen bildet: die berühmte, vieldramatisierte Vertreibung...

Wer war jene ungarische Königstochter mit Namen Arpádhazi Erszébet, jene Landgräfin Elisabeth, die im Jahre 1231 die Talfahrt ihres hochgeborenen Lebens in heiliger Armut beendete? Haben wir lediglich eine exzentrische Hofdame vor uns, die sich in der Rolle gefiel, Aussätzige zu pflegen, Hungernde zu beköstigen, und fähig war, Rosen in einen Korb zu lügen?

Dann bestünde für den Historiker kein erneuter Anlaß, sich mit dem Thema zu befassen, zumal eine Literatur angemessenen Umfangs vorliegt. Immer wieder erschienen Leben und Wirken dieser feudalzeitlichen Frauengestalt der Betrachtung und Würdigung wert. Der Lebenden erging es schlechter. Das Kind schon, durch feudale Heiratspolitik auf die fernen Burgen der ludowingischen Landgrafen von Thüringen verpflanzt, gerät in eine Grenzsituation: Die Annullierung des Verlöbnisses und eine wenig ehrenvolle Heimkehr scheinen erwogen worden zu sein – Vorgänge noch unterhalb historischer Bedeutsamkeit. Doch dann fachen caritative »Ausschweifungen«, der biblischen »Speisung der Fünftausend« nicht unähnlich, unter der hochfeudalen Umgebung Opposition gegen Elisabeth an. Wenig später wird ihr Witwenerbe von der Sippe des verstorbenen Landgrafengemahls eingezogen. Extrem die Reaktion: Elisabeth leistet ein Gelübde, das sie nicht etwa in ein Kloster führt, sondern weit aus dem Lebenskreis ihrer Klasse hinaus, in die Welt der Armen und Kranken des Spitals von Marburg. Dort ertrotzt sie gegen Konrad von Marburg, den Beichtvater der Ehezeit und nunmehrigen Defensor, mit schwankendem Erfolg eine unständisch gegliederte Gemeinschaft. Und dann der Tod, die Beisetzung bei noch andauernder Ächtung durch die ludowingische Sippe; und schließlich Heiligung und »Heimholung« der Außenseiterin. Territorialpolitisches Kalkül spielt dabei mit. Die Spuren wiederholter Korrekturversuche an dieser extremen, offenbar unverstandenen Lebensform wie die Spuren des Widerstandes, den Elisabeth entgegenzusetzen suchte, hat eine sonst schönredende Überlieferung gleichwohl festgehalten, weil es galt, bei der Heiligsprechung der Toten ein leidvolles Leben vorzuweisen. Diesem Zweck entsprechend sind die Quellen eingefärbt. Sie vermischen, ob naiv

5

oder nicht, Wahrheit und Wunderberichte bunt miteinander. Die wichtigsten Quellen sind ein Brief, den Konrad von Marburg am 16. November 1232 an Papst Gregor IX. absandte und die als »Libellus« bezeichnete Kompilation des Verhörsprotokolls, das in dem 1232 begonnenen und 1235 abgeschlossenen Kanonisationsprozeß entstanden war. Die beiden Dokumente geben eine bedeutende, zum Teil die gleiche Reihe von Ereignissen wieder, und sind so wechselseitig kontrollierbar. Die ältere Forschung entschied sich im Zweifelsfall meist für Konrads Aussage. Dessen Zuverlässigkeit schien etwa Gustav Boerner dadurch verbürgt, daß Konrad auch Episoden berichtete, bei denen er eine negative Rolle gespielt hat, zum Beispiel Züchtigungen. Zu mehr Skepsis gegen den nachmaligen Inquisitor rät, daß er Ereignisse wegließ, die zwar in die gemeinsame Zeit mit Elisabeth fielen, nicht aber dem Zweck seines Briefes entsprachen – so den wichtigen Wittumsstreit. Die Tendenz seines Schreibens zielt auf Harmonisierung. Im übrigen gilt für diese wie die anderen Quellen, was Joseph Greven über Konrads Zeitgenossen Jakob von Vitry und dessen Vita der »ersten Begine«, Maria von Oignies, geschrieben hat: Sie biete »weder ein klares, die religiöse Eigenart in (ihrer) zeitgeschichtlichen Besonderheit ... herausstellendes Bild, noch lasse sie die Genesis derselben hervortreten«.

Die kritische Bewertung des »Libellus« begründete die ältere bürgerliche Forschung protestantischer Herkunft mit den Wundergeschichten, die ins Protokoll Eingang fanden, etwa der Trunk im Krug, der vielen gereicht und doch nicht weniger wurde, unglaubliche Heilungen und Erweckungen. Wohl sind die Wunderberichte nicht für bare Münze zu nehmen, ebensowenig aber sind sie ein Gradmesser der Glaubwürdigkeit des Episodenmaterials, das seiner Substanz nach als historisch in Frage kommt. Differenziert ist der »Libellus« auch hinsichtlich der Personen zu bewerten, die in ihm als Zeugen erscheinen. Unserer Heldin am nächsten standen Guda, ein ungarisches Edelfräulein, und Isentrud von Hörselgrau, die einheimischem Landadel entstammte. Sie sind keiner Seite so verpflichtet wie Elisabeth, und solange die Heiligsprechungskommission unter Vorsitz des den Ludowingern wenig freundlich gesonnenen Erzbischofs Siegfried von Mainz stand (bis 1232), nahmen die beiden kein Blatt vor den Mund und sagten sogar gegen die Landgrafensippe aus. 1229 waren sie durch Konrad aus Elisabeths Nähe entfernt worden, um deren Vervollkommnung nicht im Wege zu sein, wie es hieß. Statt der beiden setzte Konrad zwei ihm gefügige Helferinnen ein, die eine als unfreundlich, die andere als schwerhörig beschrieben, hinzu kamen die im »Libellus« auftretenden Mägde Irmingard und (eine zweite) Elisabeth. Guda und Isentrud warfen ihnen vor, Elisabeth bei Konrad denunziert zu haben. Ihrer Abhängigkeit wegen sind die Aussagen der Mägde mit Vorsicht hinzunehmen. Eigene Absichten verfolgte keine der vier, es waren Kinder einer Zeit naivsten Glaubens an lichte und finstre Mächte.

Bild 2   Statue der hl. Elisabeth, Meister des Severi-Sarkophages in Erfurt, Sandstein, um 1370/80 Erfurt, Museen der Stadt

6

Weniger absichtslos und naiv ging um 1236 Caesarius von Heisterbach an das erbauliche Werk seiner »Vita sanctae Elysabethae« – einer stilistisch gehobenen, mit religiösen Betrachtungen und Mahnungen geschmückten Kompilation des »Libellus«. Des Zisterziensermönches Standort lag dem Konrads von Marburg am nächsten. Ihn rühmte Caesarius mit Blick auf dessen zuletzt selbst vor dem Adel nicht haltmachende Inquisitionstätigkeit als terror tyrannorum – Schrecken der Tyrannen. Die meisten Nachrichten, die Caesarius neu in die Vita einbrachte, beziehen sich auf Konrad. Sowohl der Zisterzienser Caesarius als auch der mutmaßliche Praemonstratenser Konrad sind Vertreter jenes Reformklerus, der Anregungen aus apostolischen Strömungen des 12. Jahrhunderts aufgegriffen hatte, um sie der römischen Kirche im Vormachtkampf mit Kaisertum und weltlicher Feudalität nutzbar zu machen. Programmatisch, daß Caesarius eine Vita des Erzbischofs Engelbert von Köln schrieb, den 1225 zur Empörung des gesamten deutschen Klerus ein Graf von Isenburg im Streit um eine Vogtei ermordet hatte. Unter dieser Feder gedieh die Elisabethgeschichte zur Heiligenlegende. In dem kurz nach der Vita geschriebenen »Sermo de translacione« ließ Caesarius die Landgräfin bereits selbst aussprechen, daß sie eine Heilige werde.

Diese hagiographische Tendenz verfolgte der Dominikanermönch Dietrich von Apolda in seiner um 1289 entstehenden Vita weiter. Vom Material des »Libellus« ließ er wenig, aber nicht gerade Unwichtiges aus, zum Beispiel die Züchtigungsepisoden. Konrad wird bei Dietrich geschont, insgesamt ist jedoch weniger Harmonisierungs- als Überhöhungsabsicht spürbar. Die Gegensätze Elisabeths zu ihrer Umwelt erschienen Dietrich dazu ganz brauchbar, er vermantelt sie freilich in novellistischer Form, macht aus Haltungen Episoden, neigt zum Ausschmücken und auch zum Übertreiben. Er läßt Landgraf Heinrich Raspe IV. als Verantwortlichen der »Vertreibung« von einem Vasallen Schelte empfangen, zeigt die Landgräfin Sophie im Widerspruch zu Elisabeth – auf die 1247 ausgestorbene ludowingische Sippe brauchte man keine Rücksicht mehr zu nehmen.

Dietrich hat nach seinen Worten außer dem »Libellus« mündliche Überlieferungen und weitere schriftliche Quellen herangezogen, die er jedoch nur summarisch nennt. Zu ihnen gehörte eine um 1228 entstandene, uns aber nur in Kompilationen des frühen 14. Jahrhunderts überlieferte Vita Ludwigs IV. Als Verfasser tritt dessen Hofkaplan Bertold entgegen. So kann Dietrich konkrete neue Nachrichten bringen. Und doch hat gerade seine sagen- und phrasenreiche Schrift die Elisabeth-Tradition auf das Gebiet erfindungsreicher Novellistik geführt. Ein Menschenalter nach Dietrich dichtete ein Franziskanerchronist glaubenseifrig und um historische Treue unbekümmert der Landgräfin das eigentlich auf eine portugiesische Namensvetterin gemünzte Rosenwunder an – ein Rankenwerk von Legenden überwuchs die historische Gestalt und ihren konkreten Zeitzusammenhang. Dichtung umarmte die Wahrheit aufs gründlichste. Romantische Schriftstellerei des 19. Jahrhunderts nahm Dietrich beim Wort, den Elisabeths Wiederentdecker Charles-Forbes-René Montalembert in Sprache und Geist des frühen 19. Jahrhunderts versetzte. Zwei bedeutende zeitgenössische Kunstwerke hatten Montalemberts Buch zur Grundlage: Franz Liszts gewaltiges Oratorium; das Libretto Otto Roquettes, zeitweise Literaturprofessor an einer preußischen Militärakademie, strotzt nur so von Ach! und Weh! – zum Glück nur das papierene Schifflein über den Bewegungen und Strömungen einer ernsthaften, nicht zuletzt nationalungarisch gedachten Musik.

Von Montalembert angeregt sind auch die Fresken Moritz von Schwinds auf der Wartburg. Wir Heutigen sehen sie uns mit Respekt und nicht ohne Sympathien für Elisabeth an. Doch sind diese Sympathien eher von der Art, wie sie einer unglücklichen Märchenfee zufallen. Die Frage nach den tieferen Gründen der Tragödie erstirbt in der Rührung. Die Bilderbuchgeschichte braucht keine historische Kausalität.

Um die fragliche Trennlinie zwischen Legende und realem geschichtlichen Hergang hat die bürgerliche Geschichtsschreibung sich vor allem im Zeitraum 1878-1914 bemüht. Die quellenkritische Sorgfalt der Karl Wenck, Helmuth Mielke, Gustav Boerner, Albert Huyskens und anderer erwarb sich in der Sonderung der Überlieferungsschichten bleibendes Verdienst, rekonstruierte den Werdegang der Quellen und den Weg jeder Einzelinformation minutiös. So sah Wenck die Möglichkeit geschaffen,»das Bild Elisabeths von vielfältiger Übermalung zu befreien«. Doch bei aller gewonnenen Quellennähe trug das Fazit, wie es Wenck zum Beispiel auf die Formel von der»mildtätigen Fürstin«brachte, allzu deutlich den Stempel seiner wilhelminischen Entstehungszeit. Die Konflikte Elisabeths mit der ludowingischen Sippe sowie mit Konrad von Marburg wurden allein mit den Charakteren der Beteiligten erklärt. Elisabeth Busse-Wilson sah sich denn gar ermutigt, kurz vor dem Jubiläumsjahr 1931 an die Frauengestalt des frühen 13. Jahrhunderts die Elle Sigmund Freuds anzulegen. Gegen alle»Erfinder eines Zwiespalts«wetterte von konservativ-katholischer Seite Gallus Haselbeck und wünschte das Montalembertsche Modell neu bekräftigt.

Um tieferen Einblick in historische Umwelt und Zeitgeist bemüht, wog Wilhelm Maurer die Aussagen der Quellen neu ab. In seiner 1953/54 erschienenen Studie»Zum Verständnis der heiligen Elisabeth«wies er die Landgräfin sehr weitgehend in den Bannkreis der bei Hofe angetroffenen, durch Konrad und die Landgräfinmutter Sophie repräsentierten»Reformfrömmigkeit des 12. Jahrhunderts«. Dadurch kam Maurer in den Zwang, Konfliktanzeichen herunterzuspielen.

Die hier vorgelegte Arbeit versucht einen anderen Weg. Wenn die von Elisabeth angestrebte Lebensform in ihrer Umwelt auf Widerspruch stieß, dann doch wohl, weil es sich dabei um eine unübliche, neuartige Lebensform handelte. Diese Bedingung erfüllt jedoch die Hinwendung zur»Reformfrömmigkeit des 12. Jahrhunderts«nicht, sie war längst üblich.

Schon immer ist im Elisabethschrifttum auf den Einfluß des Franziskus von Assisi verwiesen worden, kaum aber darauf, daß in den sozial-religiösen Bewegungen der frühstädtischen Zeit um die Wende zum 13. Jahrhundert, denen auch Franziskus zugehört, sich eine Zäsur von nicht nur kirchen- oder geistesgeschichtlicher Bedeutung ankündigt.

Die Erheblichkeit dieser Zäsur ist es, die als Schlüssel zum Verständnis der

Konflikte um Elisabeth interpretiert wird. »Als Elisabeth«, so Lothar Hardick in einer Studie über Franziskus als Wende mittelalterlicher Religiosität, »die am meisten fromm zu nennende Handlung ihres Lebens vollzieht, da ist dies nicht das ihrem Stand gemäße, typisch gewordene Sichzurückziehen in ein Kloster. Sie hebt die Distanz ihres Standes zu den armen Menschen auf und tritt unter sie.« Das heißt: metanoia, Umkehr, Buße nicht nur bis zu irgendeinem komfortablen Punkt zu treiben, sondern in eine neue, »evangelische« Existenz hinein – ohne weltliche Rücksicht, orientiert einzig und allein auf die identische Liebe zu Christus und den Menschen. Nicht die übliche Formel des relinquere saeculum, des »Austritts aus der Welt«, war da gemeint.

Gleich den Beginen verstand sich die von der Wartburg weggegangene Vorsteherin des Armenhospitals von Marburg, die einstige Landgräfin Elisabeth, als soror in saeculo – als »Schwester *in* der Welt«. Nach seinem sozialen Inhalt trug dies Negierung des feudalständischen Denkens in sich, eine Erscheinung, die sich in den sozialreligiösen Strömungen um 1200 artikulierte. Dies als Kernpunkt des Konflikts herauszuschälen, den der Wittumsstreit noch verschärfte, soll mit der vorliegenden Schrift versucht werden, um die zukunftsweisenden Bestandteile dieses Stückes Geschichte zu bewahren.

Von Sárospatak auf die Wartburg

Nicht müde wurde die Feder des Chronisten Friedrich Ködiz aus Saalfeld, das reiche Geschmeide, den teuren Hausrat, das kaiserliche Bettzeug und wie erst den silbernen Badekübel noch hundert Jahre nach dem vielbestaunten Einzug des Kindes aus Ungarland in Thüringen zu rühmen – von wem anders als von Elisabeth kann hier die Rede sein? Wir schreiben das Jahr 1211. Wir stehen am Eisenacher Georgentor und sehen mit Moritz von Schwinds Augen, wie Landgraf Hermann das Persönchen vom Wagen hebt. Schon umrahmt der Heiligenschein das schwarze Haar des Mädchens, fromm ahnt Landgräfin Sophie eine Zukunft, die Neugier der Kinder gilt nur dem bunten Augenblick. Landgraf Hermanns Zugriff, hier freundlich-hilfreich, auf dem machtpolitischen Turnierboden seiner Zeit aber hart und skrupellos, erinnert an den profanen Zweck des Geschehens.

Erszébet, die Tochter des ungarischen Königshauses der Arpaden, kam im Zuge eines feudalen Bündnisvertrages auf die Wartburg, ihre Ankunft war Folge eines politischen Mordes. Bei dem erfolgreichen Attentat auf König Philipp im Jahre 1208 hatte Bischof Ekbert von Bamberg seine Hand im Spiel und mußte vor den Nachstellungen staufischer Parteigänger flüchten. Landgraf Hermann – der im staufisch-welfischen Thronstreit je nach Vorteil zwischen den Fronten»pendelte«, eben aber von Philipp zur Unterwerfung und, um diese zu besiegeln, zur Auslieferung seines Sohnes Ludwig gezwungen worden war – half Ekbert, nach Ungarn zu entkommen. Dort war dessen Schwester Gertrud mit König Andreas (Endre) II. vermählt. Als nun König Otto IV., vormals im Thronstreit als Sproß des Welfenhauses der Kandidat der Kurie, nach seiner Kaiserkrönung 1209 eine imperiale Gangart anschlug und sich Papst Innozenz III., die meisten deutschen Fürsten und den französischen König Philipp II. August zum Feind machte, traten auch der thüringische Landgraf – es war sein sechster Seitenwechsel – und der traditionell propäpstliche ungarische König in die von Innozenz mobilisierte internationale Koalition gegen den Kaiser ein. Zu deren Bekräftigung gehörte es, daß Bischof Ekbert zwischen Ungarn und Thüringen eine Eheverbindung vermittelte. Die landgräfliche Heiratspolitik, schon lange Bestandteil der überaus zielstrebigen Territorialpolitik der Ludowinger, fand so zum zweiten Mal einen königsblütigen Partner.

Geboren wurde Erszébet 1207, laut späterer Überlieferung am 7. Juli. Als Geburtsort wird in der Literatur überwiegend die Burg Sárospatak angegeben. Burg und Städtchen liegen am Ufer des Bodrog, eines Nebenflusses der Theiß, dort, wo die Tokajer Berge in die ungarische Tiefebene abfallen. Der ungarische König hielt überwiegend in Buda oder in Pozsony, dem heutigen Bratislava, Hof. Hier mag die Tochter König Endres II. und Gertruds die ersten Lebensjahre zugebracht haben. Vermutlich wurde Erszébet-Elisabeth mit der Sprache sowohl des Vaters als auch der Mutter vertraut gemacht. Gertrud stammte aus dem tirolischen Herzogshaus Andechs-Meran.

Elisabeth verließ ein unruhiges Land. Auch in Ungarn wirkten die Widersprüche, die die Ware-Geld-Wirtschaft mehr oder minder in jede der europäischen Feudalmonarchien hineintrug.

Auch hier die Sprengung der frühfeudalen Fronhofverbände durch das Wachstum der agrarischen, das Aufkommen einer spezialisierten nichtagrarischen Produktion und vor allem des Geldes; auch hier die Kristallisation frühstädtischer Tauschzentren, deren Geschäftigkeit den arabischen Reisenden Abu Hamid sogar zum Vergleich mit Bagdad und Isfahan herausforderte; auch hier die Krise der frühfeudalen staatlichen Organisation, das Aufstreben des regionalen Adels, der vom »jobbágy« (d.h. königlicher Burghauptmann) zum Lehnsträger wurde; das Fragwürdigwerden feudaler Gefolgschaftstreue, der Verselbständigung einer hochadligen Oligarchie; auch hier Thronwirren und der »Zwang«, die Konflikte durch Expansion zu bewältigen. Über Erszébets Elternpaar läßt sich kaum anderes berichten als über ein beliebiges Feudalherrscherpaar der Epoche. Der überraschende Tod des Bruders Imre machte Endre II. 1205 zum Träger der Stephanskrone. Vordem hatte sich über die halbe Regierungszeit Imres der Kampf erstreckt, den Endres »brüderliche« Thronaspirationen dem König aufzwangen. Der arpadische Bruderstreit endete 1199 vorerst mit der Niederlage Endres. Doch 1203 suchte er sich erneut den Weg zur Krone militärisch zu verkürzen. Imres Pläne, mit Blick auf den Thron des alten ungarischen Erbfeindes Byzanz am Vierten Kreuzzug teilzunehmen, fielen ins Wasser der Drau. An deren Ufer nämlich stand wiederum ein von Endre befehligtes Rebellenheer. Der einsame, mutige Gang des Königs Imre ins feindliche Lager erzwang ihm Respekt, Reue und Fußfall des Bruders. Aber die Beute Byzanz fiel an andere Lateiner.

König geworden, betrieb Endre eine maßstablose expansive Außenpolitik, die nicht nur zum Mißerfolg verurteilt war, sondern auch das Königsgut verminderte, den Druck der Feudallasten auf die Bevölkerung vermehrte und den feudalen Partikulargewalten Auftrieb gab.

Nicht glanzvoller fällt das Bild der Königin Gertrud aus. Sie und ihr Bruder Bertold, den sie mit schließlicher, politisch motivierter Einwilligung des Papstes zum Erzbischof von Kálocsa lancierte, obwohl er weder das erforderliche kanonische Alter noch überhaupt irgendeine geistliche Bildung besaß, führte bei Hofe eine deutsche Clique an, die an eigennütziger Rücksichtslosigkeit die einheimischen Magnaten um den Palatin Ban Bánk eher noch überbot. Der Kampf um das zerfallende königliche Latifundium spitzte den Gegensatz der Adelsparteien zu. Gertrud erreichte die Absetzung des Palatins. Bei einer zu Ehren des Herzogs Leopold von Österreich 1213 im Pilis-Gebirge veranstalteten Jagd wurde die Königin von Gefolgsleuten Bánks grausam umgebracht. Dieser Tod paßte zum Leben der herrschsüchtigen Feudaldame.

Erbauungsliteraten scheuen sich zuweilen nicht, die Missetaten der feudalen Umwelt des Kindes Elisabeth ins Licht zu rücken, aber sie begnügen sich dabei mit moralisierender Tendenz. Wenn Elisabeths Reinheit sich von all dem höfischen Schmutz um so heller abhob, sahen sie ihren Zweck schon erreicht. Überfordert war solche Geschichtsbetrachtung durch die Fragestellung, ob nicht Untreue, Verrat, Habgier, doppelzüngige Rede, Machtstreben, Prunksucht, Scheinheiligkeit, Hochmut, Lieblosigkeit, Mißachtung des Schwächeren außer in der Unzulänglichkeit des Menschen auch in den elementaren, konfliktschaffenden Prozessen wurzelte, die an der Wende zum 13. Jahrhundert die feudale Gesellschaftsstruktur belasteten?

Bevor der Elisabeth geleitende Zug ungarischer und thüringischer Edler von Pozsony via Prag und Nürnberg die ludowingische Landgrafschaft erreicht hatte, kam es noch zu einem nennenswerten Ereignis: In Nürnberg verließ die Harfnerin Alheit das Gefolge, beschloß ihr bisheriges Leben und trat in eine religiöse Frauengemeinschaft ein, die Armut, Buße und Enthaltsamkeit zu ihren Leitsätzen erhoben hatte, ohne einem der bestehenden approbierten Orden anzugehören. Diese Nachricht rückt eine Zeitströmung von grundlegender Wichtigkeit früh in die Nähe unserer Hauptperson: das Beginentum. Wieweit freilich das vierjährige Kind von dem Schritt jener Alheit bewußt Kenntnis genommen hat – sofern man ihn nicht überhaupt der Legende zuweist – muß dahingestellt bleiben.

Nun stehen wir auf dem Wartburgplateau. Im Jahre 1211 hat der Hauptbau der Anlage, der Palas, den an die vier Jahrzehnte zuvor Steinmetzen aus dem Kloster Schwarzrheindorf/Niederrhein mit Säulen, Arkaden und Kapitellen zu schmücken begannen, mitsamt seinem zweiten Obergeschoß sicherlich fertig dagestanden – eine glanzvolle Krönung romanischer weltlicher Baukunst. Den großen Pfalzbauten der Staufer nachempfunden, überbot der Wartburgpalas diese noch: Er vereinigte die sonst über mehrere Gebäude verteilten Gemächer in drei übereinanderliegenden Geschossen – das schmale Plateau ließ keine andere Wahl. Doch ist das architektonische Bild nicht einmal das Wesentlichste. Ein Bauvorhaben wie dieses weist weit über eine Feudalburg im herkömmlichen Sinne hinaus, es verkörpert, wie Hans Patze schreibt, einen »Gradmesser für die Ausbildung des Territorialstaates . . . Nur wer diesen Palas für so wenig gefährdet hält wie den locus sacer, dessen Ornamentik er entlehnt ist, bestellt ihn mit 200 Säulen. In einem solchen Gebäude wohnte und repräsentierte man. Wer seine Burg mit Skulpturen schmückte, die bisher nur an Kirchen und Pfalzen zu finden waren, handelte, als verkörpere er Institutionen, die an Dauer und Unantastbarkeit Kirche und Königtum gleichkämen«.

13

Bild 3   Reiterbrakteat Landgraf Ludwigs III., Silber, um 1167/70

Löwenwappen und Reiterpfennig

Bekanntlich stammte das nach seinem Leitvornamen benannte Grafenge-schlecht der Ludowinger aus Mainfranken. Bis zu seiner Einwanderung nach Thüringen Mitte des 11. Jahrhunderts hat es hier seit den Zeiten der Herzöge Radulf und Heden (7./8. Jahrhundert) keine dauerhafte, in der ganzen Region gegenwärtige Ordnungsmacht mehr gegeben. Es überwog das Bild der Zer-splitterung, der Streubesitz, die Gemengelage von Herrschaftsbereichen, die sich innerhalb einer Dorfflur und selbst einer Bauernhufe überschneiden konnten. In dieser Weise hatten feudale Herrschaftsträger das Altsiedelland, die Tiefebenen und Täler, seit frühgeschichtlicher Zeit kaum erweiterter Nahrungsgrund des Menschen, so gut wie aufgeteilt. »Machtfrei«, wenn auch per Rechtstitel (zum Beispiel als Wildbann) oft schon vergeben, waren hingegen die großen, noch siedlungsabweisenden Wälder und Gebirge ge-blieben.

Soziale Bedrückungen verursachten in Deutschland eine Mitte des 11. Jahr-hunderts beginnende bäuerliche Abwanderung. Die abziehenden Bauern suchten jungfräulichen Boden, den sie mühsam rodeten. Auch dorthin fand spätestens nach Anlage der Neusiedlungen eine gebietende Feudalgewalt, die mit den Rodungsbauern Schutz gegen Zins vereinbarte – zu besserem Recht als am alten Fronhof.

Früh erkannte Ludwig der Bärtige aus dem Geschlecht der mainfränkischen Grafen von Rieneck die Gunst der Stunde. Er brach ostwärts auf, unterstützte südlich von Waltershausen ein Rodungswerk und wurde dadurch zum Stammvater der Ludowinger. Die Keimzelle ihrer späteren Macht – die Dör-fer Friedrichroda, Reinhardsbrunn, Engelsbach, Altenbergen, Finsterbergen und Eschenfeld und die Schauenburg – erschufen Bauernhände. Der Vor-gang, in die Regierungszeit Kaiser Heinrichs III. (1039-56) datiert, war zu-kunftsträchtig: Für die deutsche Geschichte nachmals so wichtige Feudalfa-milien wie die Staufer, die Hohenzollern, die Zähringer begannen ihren Auf-stieg aus einer Rodungsherrschaft. Bäuerlicher Landesausbau wurde proba-tes feudales Herrschaftsmittel.

Schlichter Usurpation kam die Besetzung des Raumes an Hörsel und Werra gleich, die Ludwig der Springer, Sohn des Bärtigen, in der bewegten Zeit der Sachsenkriege und des Investiturstreites wagen konnte. Der »Wart Berg, du sollst mir eine Burg tragen« lag um 1080 hart zwischen den Wildbanngebieten der Reichsabteien Fulda und Hersfeld. In der Waldeinöde, aber nicht weit von der Siedlung Isinaha (Eisenach) und einem Altstraßenpaß, schaffte Ludwig Tatsachen. Er ließ Palisaden und Turm errichten, Erde in Körben von der Schauenburg herbeitragen und ausstreuen: So konnte er beeiden, auf Eigen zu stehen. Das Burgbauregal, rechtens dem König vorbehalten, übte der re-gionale Adel, sobald es die örtlichen Verhältnisse gestatteten. Aus der Verfas-sungsschwäche des frühfeudalen Lehnsstaates erwuchs Fehde auf Fehde. Rechtstitel waren vom gleichen Holz wie Lanzenschäfte, Macht reichte nur einen Bogenschuß weit. Dies war die Zeit, da Burgen an »ungewöhnlichen

Orten« aus der Erde schossen und ein kleiner Graf – unser Ludwig – es wagen konnte, in einem Brief an den Inhaber der Zentralgewalt kränkend von »Herrn Heinrich, den sie Kaiser nennen« und von einem Reich zu sprechen, das kein Reich sei.

Vorgänge dieser Art mündeten im 12. Jahrhundert zusehends in den Gesamtvorgang der »Territorialisierung« der feudalstaatlichen Herrschaft ein: der Regionaladel stand im Kampf, die Vielzahl seiner verstreuten Güter, Banngewalten, Gerichtsrechte, Einkünfte, die überwiegend auf ein enges Gebiet bezogen waren, in ein relativ geschlossenes Herrschaftsgebiet zu verwandeln, in dessen »Grenzen« er auch über seinesgleichen Macht ausübte und Recht sprach – ein neuer, erst im Verlauf dieser Kämpfe sich bildender Tatbestand. So kam es im 12. Jahrhundert dazu, daß die stärksten Feudalgeschlechter das ursprünglich vom König zu vergebende Grafenamt an sich zogen, mit dem Anspruch, über die Leute anderer Grundherren zu Gericht zu sitzen; und in Lehns- und Landfriedenssachen über diese selbst.

Zur entscheidenden Triebkraft der Entstehung des Territorialstaates wurde die Ausbreitung der Ware-Geld-Wirtschaft. Die Verfügung über eine Stadt wurde zur herrschaftsbildenden Potenz, je mehr von dort eine steigende Marktproduktion ausging, Geld in Umlauf kam und – nötig wurde. Wer als Feudaler, im Anspruch Landesherr zu sein, eine Stadt beherrschte, gewann bald einen zusätzlichen wirtschaftlichen Vorsprung vor »einfachen« Banngrundherren.

Am ehesten haben unter den thüringischen Feudalen die Ludowinger eine Städtepolitik betrieben: die Anlage der Neustadt in Gotha, der Georgenstadt in Eisenach, der Stadt Weißensee neben der Runneburg, Creuzburgs unter der namengebenden Feste, Freyburgs unter der Neuenburg noch im 12. Jahrhundert. Die Begründung einer Münze in Eisenach und Gotha unter Ludwig III. zeigen sie im konsequenten Nachvollzug der staufischen Maßnahmen an den reichsunmittelbaren Plätzen Mühlhausen, Nordhausen und Saalfeld. Außer diesen, dem mainzischen Erfurt und dem fuldischen Vacha standen somit alle frühen thüringischen Stadtwerdungen unter Vormacht der Ludowinger. Deren bald gängiger Münztyp des Reiterbrakteaten fand Nachahmung durch die nachtrabenden Stadt- und Münzgründer der Region, die Grafen von Beichlingen, Schwarzburg, Hohnstein und Gleichen und andere. So wurde der Reiterpfennig ein Spiegelbild des Aufstiegs der Ludowinger. In der Stauferzeit wiesen die Landgrafen alle hochadligen Herrschaftszeichen vor, an denen sich die Glieder des jungen, aus der Schar der Grafen aufgestiegenen Reichsfürstenstandes erkannten: Münze, Siegel, Wappen. Der rot-weiße Löwe auf blauem Feld ist uns zu 1179, nahe der mutmaßlichen Bauzeit des Wartburgpalas, erstmals als landgräfliches Wappentier überliefert.

Zum Kampf um den feudalen Territorialstaat gehörten die Streitigkeiten, die zwischen weltlichen und geistlichen Feudalherren seit den Cluniazenser und Hirsauer Reformen, verschärft aber mit der Ausbreitung des Geldes überall in Deutschland um die Abgrenzung der Vogteirechte geführt wurden. Nach dem Investiturstreit steuerten auch die geistlichen Hirten die Bildung von Landesherrschaften an. Dem standen die gerichtsherrlichen Rechte ihrer

Holzschnitte aus der »Cronica sant Elisabeth ztu Deutsch...« nach der lateinischen Elisabeth-Vita des Dietrich von Apolda, gedruckt von Matthes Maler, Erfurt 1520. (Tafeln 1-8)

Von der hohen geburt irer Eldern vnd
vom vrfprunge von ir geweyffaget ehe fie entphangen wart.

Tafel 1   Von den Eltern Elisabeths und der Weissagung ihrer Geburt durch Meister Klingsor

wie Sant Elisabet wart in Duringer
Lande gefurt.

ER kōnig Andreas was gar ein gut sittigk man / syne
hußfraw die konigin tugenthafftig starck von wyp=
lichen gedanckē einen menlichen mūt in ere konigriche
tragende Sie was besorgēde vnd bestellende alles das
dβ notdurfftigk was mit irer tochter zu sendēne.

Tafel 2   Der Brautzug Elisabeths nach Thüringen

Võ ủ hochzept sant elisab3 mit irm herṅ

B ij

Tafel 3   Die Hochzeit Elisabeths mit dem Thüringer Landgrafen Ludwig IV.

ES was zwuſchē yn eine erliche ehe vnbeflegkt von allē
ſundenn nicht in liebe der wolluſt ſundern in keuſcher
liebe vnd ordenlicher bewarunge ires lebens Die heyl-
ge braut Eliſabet caſteygte ſere iren leyb mit vil wachē
alle nacht ſtundt ſie auff auß yrem bet / wan ir haußwirt ſchlieff
aber ob er wachte vnd teb das ſo vil das er ſie dicke bat das ſie iren
kyntlichen vnd kleynen leychnam nicht ſo hertiglichen beſchwerte
ſich da mit zu ſchwechen vnd zu vil malen nam der keuſche iunge
lingk ire hant in ſeyne vnd hilt ſie alſo byß ſie ir gebet volendte vnd
wan yn bedauchte ſie zu lange bette vñ ſich mit wachen vbermu-
hete ſo bad her ſie das ſie ſich zu rwen legte,

Tafel 4 Von den nächtlichen Gebeten und Kasteiungen Elisabeths

wie sie von gote grosse andacht erkrege.

Ja got diese seyne ausserwelte dienerin sant Elisabet zu grosser vnd höher heylligkeyt fuern vnd erheben wuld Geschach zu eyner zeyt eins grossen festes vñ hogezeyt das sie mit köstlichen kleydern vnnd edelm gesteyn ges zyret was vnd mit eyner gulden kronen gekrönet mit irer schwiger frawen tochter vnd andern iunckfrawen vnd dienern einer grossen schar vonn dem schlos Wartburg in die kirchen dar vnder gelegen gehen wold.

Tafel 5   Wie die anläßlich eines Festes prächtig gekleidete Elisabeth beim Anblick des gekreuzigten Christus aus Scham in Ohnmacht fällt

Tafel 6   Wie Elisabeth einen Aussätzigen in ihr Bett legt und ihr Gemahl an dessen Stelle ein Kruzifix vorfindet

wie fant Elifabet groffe barmhertzigkeit
erzeyget den armen in groffer theurunge.

 Ls man zalt Taufent zweyhfdert funff vß zwentzigk/ was der furft zum Keyfer Friderich in welfch lande zu Tremont geritten da was in allen Deutfchen landen fo groffe theurunge vnnd kömer das vil kutthe hungers

Tafel 7 Elisabeth hilft während einer Hungersnot Bedürftigen

23

wie ſant Eliſabet ein groſſer ſonnē glātz
vmb fingk/ſo ſie gotes ampt in der kirchen was hōren.

Tafel 8 Verklärung Elisabeths

24

weltlichen Vögte schroff im Wege, die diese als konstitutives Element ihrer eigenen Landesherrschaft auszuweiten suchten. Schlechter als die Bischöfe vermochten sich die Klöster der weltlichen Feudalen zu erwehren. Sie konnten ihnen die Vogteirechte, sofern sie es mit kleineren, um Geld verlegenen Adligen zu tun hatten, allenfalls abkaufen. Die von geistlicher Hand geschriebenen Chroniken füllten sich jedenfalls im Laufe des 12. Jahrhunderts mit Klagen über die Vögte. Die Ludowinger schnitten dabei schlecht ab. Ludwig III. wurde in der zisterziensischen Überlieferung zum Prototyp des Usurpators, nahm er doch einem Kloster des Ordens gleich das ganze Dorf Heilingen weg. Nicht anders Landgraf Hermann I., der gegen die altehrwürdige Reichsabtei Hersfeld rüde vorging. Der vom König 1205 vermittelte Vertrag spiegelt wider, wie eigenmächtig Hermann über Klostergut verfügt, es verlehnt oder anderswie entfremdet, hersfeldischen Wald für Städtebauzwecke abgeholzt und klösterliche Hintersassen in seine Städte umgesiedelt hatte. Erst 1215 fügte sich Hermann in den Verzicht auf seine Usurpationen. Was Wunder, daß Kleriker diesen Landgrafen in der Hand des Teufels wähnten. Caesarius von Heisterbach meinte, er sei schon ein Jahr vor dem Ende tot gewesen, denn in seinem Körper hauste statt der Seele ein böser Geist.

Gewiß standen die Ludowinger seit 1131 als Landgrafen und Träger eines Fahnen- (d.h. Reichs-)lehens und nach ihrem Auftrag, den Landfrieden zu hüten, über den Grafen von Schwarzburg, Gleichen, Hohnstein, Kirchberg und Beichlingen. Doch wie immer sie sich erhoben, sie galten unter den Feudalgewalten der Region als primus inter pares. In dem lange herzogslosen Thüringen hatte die »Territorialisierung« fast so viele Zentren wie es Grafen und Gräflein gab. Sie schuf zwar, über den Einsatz von Ministerialen, einen höheren Organisationsgrad der Feudalklasse gegenüber den feudalabhängigen Bauern, doch beließ sie weitgehend die naturwüchsige Zersplitterung der Verhältnisse; der Kampf um Macht und Einkünfte war mit der verfassungsgeschichtlichen Zäsur 1131 weit von einem Abschluß entfernt; in dem Prozeß feudalstaatlicher Machtkonzentration standen die Landgrafen noch zur Zeit Elisabeths – 150 Jahre nach dem Friedrichrodaer Rodungswerk. Zwischen die geographischen Eckpunkte des ludowingischen Einflußbereichs schoben sich Bereiche, in die die Landgrafen nicht oder kaum hineinregieren konnten.

Dies waren die Vorzeichen, unter denen 1191 Hermann I., Bruder Ludwigs III. – der, wie ein Jahr zuvor sein Gönner und Schwager Friedrich Barbarossa, im Kreuzzug umgekommen war – das Landgrafenzepter ergriff. Da erwuchs für die erst 60 Jahre alte Landgrafschaft eine ernste Lage. Kaiser Heinrich VI. gedachte, wie im Falle der Markgrafschaft Meißen, die Landgrafschaft Thüringen mit Verweis auf den kinderlosen Abgang Ludwigs als Reichslehen einzubehalten. Der Plan scheiterte ebenso am geschlossenen Widerstand der Reichsfürsten, wie dann 1195 der Plan von einem Erbreich, in dem gegen die Zusage der Erblichkeit der Lehen das fürstliche Teilnahmerecht an der Königswahl aufgehoben worden wäre. Zu den Opponenten gehörte natürlich auch Hermann. Die traditionelle Stauertreue des Landgrafenhauses ging erst einmal zu Ende. Die Schaukelpolitik Hermanns, den Walther von der

Vogelweide als »dâ hin dâ her« beschimpfte, obwohl er eine Zeitlang das Brot des Landgrafen brach, kannte nur noch den nackten Vorteil der eigenen Herrschaft – von dem sechsmaligen Seitenwechsel Hermanns im staufisch-welfischen Thronstreit war schon die Rede. Nicht aber von seinen Auswirkungen auf Land und Leute: Erstmals 1203 brachen die Truppen König Philipps in Thüringen ein. Zwar galten laut (dem noch ungeschriebenen, aber älteres Gewohnheitsrecht aufzeichnenden) Sachsenspiegel, noch von den Gottesfriedens- und kaiserlichen Landfriedensgesetzen des 11./12. Jahrhunderts her, die Sonn- und bestimmte Werktage, Kaufleute, Kleriker, Bauern, Juden, Narren, bestellte Felder und Großvieh als fehdefrei. Von den Übergriffen der »ritterlichen« Kampfführung aber, die eine Entscheidung weniger im Gefecht als durch wirtschaftliche Schädigung des Gegners, also durch Verwüstung der Dörfer herbeizuzwingen vermochte, schwiegen die Chronisten durchaus nicht. 1212 und 1214 wiederholte sich das Trauerspiel, nur war der Brandschatzer diesmal der Welfenkönig Otto IV. Diesem Reichskrieg sind noch die regionalen Fehden hinzuzufügen, wie sie etwa aus der Expansionspolitik Heinrichs des Löwen, des Vaters Otto IV., 1167-69 und 1180 erwuchsen.

Dies alles prägte die Zeit, in die die ungarische Königstochter hineinwuchs, bestimmt dazu, ein Teil dieser Welt zu werden. Das bedeutete, sich auf ein Damendasein voll erlesener Langeweile an der Kunkel oder am Webrahmen vorzubereiten, wenn nicht der Anblick der Tjosten und Buhurte auf dem ritterlichen Turnierplatz lockte, oder das Kindbett sein Recht forderte. Ein Psalterium, wie es Hermanns Gemahlin Sophie um 1208 im Hauskloster Reinhardsbrunn arbeiten ließ, verkörperte das einer Burgfrau zugestandene Maß an Lektüre. Die schlanken, recht weltlichen Verse der ritterlichen Lyriker, wie sie Landgraf Hermann liebte, wurden nicht gelesen, sondern gehört. Diese blühende Standeskunst, die wie ein Frühling über manche europäische Burg hinflog, eine neue, fremde Innerlichkeit entzündete und im Leben entbehrte Tugenden wie »mâze«, »milte« und »triuwe« besang, lebte vom Klang der Stimme wie der Fiedel des trobadors.

Fünf Jahre zählte Elisabeth, als man vom Feuertod der ketzerischen Amalrikaner in Straßburg hörte; und vom Aufbruch des Kinderkreuzzuges am Niederrhein, den der Wahn formierte, kindliche Reinheit könne nach den Fehlschlägen der Ritter die Heiden im Heiligen Land besiegen.

Sechs Jahre zählte Elisabeth, als das »Kind von Apulien«, der staufische Gegenkönig Ottos IV., Friedrich II. mit der Egerer Goldbulle die letzten dem deutschen Kaisertum nach dem Investiturstreit verbliebenen Rechte an den Papst abtrat; als in Flandern die »erste Begine« Maria von Oignies starb und im ungarischen Zisterzienserkloster Pilisszentkereszt Elisabeths Mutter Gertrud begraben wurde.

Sieben Jahre zählte Elisabeth, als die Schlacht bei Bouvines dem staufisch-welfischen Thronstreit zu Ungunsten Ottos ein Ende setzte; acht Jahre, da in

Bild 4 Kloster unser Lieben Frauen in Magdeburg, Blick in den Kreuzhof. Hier wirkte der Geist Norberts von Xanten.

Bild 5 Grabmal Landgraf Ludwigs IV., Sandstein, 1. Hälfte des 14. Jh.,
Georgenkirche Eisenach

Bild 6 Statue der hl. Elisabeth in der Kapelle im Nordostturm des Naumburger
Domes, Stein, kurz nach 1235

Rom_das IV. Laterankonzil Beschlüsse über die erlahmende Kreuzfahrt, eine
Reform kirchlicher Einrichtungen, eine striktere priesterliche Aufsicht über
die Gläubigen, die Pflicht, Ketzer anzuzeigen sowie einen neuen Feldzug gegen das katharische Aquitanien faßte.
Die Neunjährige erlebte den Tod des Verlobten, der wie sein Vater Hermann
hieß; hörte vom Tod des gewaltigen Papstes Innozenz III., unter dem die Kurie zu nie gekannter Machtfülle anstieg, freilich über einer konfliktzerrisse-
nen Christenheit.

Im Folgejahr starb auch Landgraf Hermann I. Für ihn, der »uz der mâze gestrenge unde heftig wedir sine viende« war, notierte Landgräfin Sophie Fürbittgebete in ihren Psalter: Hermann starb im mainzischen Kirchenbann! Elisabeth stand nun in einem offenen, ungeklärten Verhältnis. In den Aussagen der Kindheitsfreundin Guda ist davon die Rede, daß die Anwesenheit der Ungarin angefochten wurde,»wegen ihrer Frömmigkeit, Sittsamkeit und Schönheit«. Bei Dietrich von Apolda heißt es, daß ihre Mitgift als zu gering erachtet worden sei und Sophie die Klostereinweisung gewünscht hätte, andere sahen die Heimkehr der Ungarin für das Gegebene an. Man hat hier die hagiographische Tendenz der Quellen durchscheinen sehen und die Motivationen jener »Hofpartei« für unwahrscheinlich befunden. Immerhin wird das Ärgernis erregende Gebaren Elisabeths konkret beschrieben: Sie suchte sich ihre Spielgefährten nicht standesgemäß aus. Armen Kindern gebe sie, wenn sie im Ringspiel gewonnen habe, den zehnten Teil ab. Unkindlich-befremdlich unterbreche sie den Reigen und verschwinde in der Kirche. Wie auch immer, es gab hinsichtlich Elisabeths auf der Wartburg zwei Meinungen, zumal das ludowingisch-arpadische Bündnis keine aktuelle Grundlage mehr hatte. Da geschah etwas Märchenhaftes: Zwischen Ludwig, des verstorbenen Verlobten Bruder, der 1218 zur Schwertleite, zur Volljährigkeit und zur Regierung kam, dem vierten Landgrafen dieses Namens, und der sonderbaren Elisabeth spann sich Liebe an. Man hat die Vermutung geäußert, daß die beiden dem langjährigen Wartburggast Wolfram von Eschenbach für die Gestaltung des halbkindlichen Paares Sigune und Schionatulander im »Titurel« vorgeschwebt hätten . . .:

Wer solche Minne hat, daß er
Durch Minne gefährde
So lieben Freund wie du mir bist,
Mir der liebste Freund auf der Erde,
Solch gefährlich Ding ist mir nicht Minne.
Gott weiß wohl, ich wußte
Nie von der Minne Verluste noch
Gewinne.

Minne, ist das ein Er?
Kannst du Minne beschreiben?
Ist es ein Sie? Und kommt mir
Minne, wo soll ich mit ihr bleiben?
Soll ich sie verwahren bei der Docken?
Fliegt sie uns auf die Hand?
Oder ist sie wild? Ich kann ihr wohl
locken?

30

Zwischen Schwert und Kreuz

Seit Dietrich von Apolda sind die Biographen nicht müde geworden, die harmonische Ehe Elisabeths und Ludwigs IV. farbig auszumalen, dessen drei Siege über die Versuchung durch tanzende Dirnen zu rühmen, seine verständnisvolle Duldung der caritativen Tätigkeit seiner Gemahlin zu loben. Doch schon in den Quellen schwang ein anderer Ton mit: Der Brief Konrads spricht schon eingangs von der tiefen Reue Elisabeths, überhaupt eine Ehe geschlossen zu haben – auf diesem Stand war Elisabeth 1226, zu Lebzeiten Ludwigs! Schärfer noch die Aussage bei Caesarius, Elisabeth sei gegen ihren Willen verlobt und verheiratet worden.

Hier wird ein Zwiespalt greifbar, der für uns freilich nur wegen seiner Ursachen Bedeutung hat. Wenn Konrad als Grund der »Eheverdrossenheit« Elisabeths ihr Streben nach virginitas (Jungfräulichkeit) nennt, dann ist dies nichts als eine Metapher für das Streben nach der vita religiosa, einem Leben in religiöser Form. Wie kam Elisabeth auf die Bahn solcher Gedanken? Unversorgtheit, das Durchschnittsmotiv des »Austritts aus der Welt«, der adlige Töchter und Söhne allemal an gedeckte Klostertische führte, entfiel für die Landgräfin. Ihre Beweggründe waren schwerwiegender.

Mag der historische Ludwig IV., auch annähernd so treu gewesen sein wie der »heilige Ludwig« der Legende; mag jener nur die Hälfte der Wunder vollbracht haben, die diesem die um 1300 tätigen Autoren der Reinhardsbrunner Annalen zuschrieben, bemüht, eine Wallfahrt ins verarmende Kloster zu beleben; mag der Landgraf im Volk sogar beliebt gewesen sein, weil in seiner Regierungszeit der Krieg außerhalb thüringischer Gefilde blieb und Landfriedensbrecher wie der fehdelustige Kleinadlige Dietrich Gropen unters Richtschwert fielen – es konnte auch in den Jahren 1218-1227 keine andere als eine Politik von echt ludowingischer Härte mit zwangsläufig territorialstaatlicher Zielsetzung stattfinden, versehen freilich mit der Handschrift dieses Ludwigs, den man sich am besten als einen blondgelockten, geschmeidigen, unbefangen unverschämten und im Religiösen vielleicht durchaus ehrlichen jungen Fürsten der Stauferzeit vorstellt.

Ludwig war kein »Friedensfürst«. Im Gegenteil, seine Pläne schweiften in weitere Ferne und zu kühneren Zielen als die der Vorfahren: In der Markgrafschaft Meißen – dort, wo die Freiberger Silberfunde vor gut einem Menschenalter der Ausbreitung der Ware-Geld-Wirtschaft nördlich der Alpen den bis dato stärksten Impuls erteilt und einen jungen, in der Goldenen Pforte des Freiberger Doms baulich dokumentierten Wohlstand geschaffen hatten, saß Ludwigs Halbschwester Jutta verwitwet neben dem Thron, den zu besteigen das dreijährige Knäblein Heinrich bei weitem zu jung war. Sein fürsorglicher Onkel und Vormund Ludwig scheute sich nun nicht, selbst den Tod seines

Bild 7 Altarbehang mit dem Lamm Gottes, der knienden Maria und Evangelistensymbolen, Weißstickerei auf Leinen aus dem Kloster Altenberg a.d. Lahn (?), 14. Jh., Ausschnitt, Eisenach, Wartburg-Stiftung

31

Mündels vor Erreichen der Volljährigkeit ins Kalkül zu ziehen. Über den Fortgang lesen wir bei Patze: »... es kann kein Zweifel sein, daß für ihn (Ludwig) ein von der Lahn bis über die Elbe reichender Landesstaat der Ludowinger eine lebendige Vorstellung war. Seine Maßnahmen bei Antritt der Vormundschaft zeigen das. Sofort übernahm er die Wahrung des Landfriedens in den Marken Meißen und Niederlausitz ... Adel, Ministeriale und Volk ließ er den Treueid auf sich als Vormund Heinrichs und als möglichen Erben und Herrn der Mark Meißen schwören, und nur unter der Bedingung, daß er, der Landgraf, in dem von ihm erwogenen Falle die Kirchenlehen erhalten würde, hat er sie mit Heinrich entgegengenommen. Solche auf den eigenen Vorteil bedachten Spekulationen über die Zukunft ihres Sohnes dürften der Mutter und Schwester nicht angenehm gewesen sein. Gegen die kalten Berechnungen des Bruders standen ihr, wenn nicht die Lebenskraft des Sohnes ..., dann ein anderes natürliches Mittel zu Gebote: Sie konnte wieder heiraten. Als Ludwig auch 1222 ... Landding in der Mark halten wollte, verargte ihm Jutta dies bereits. ... Im Januar 1223 rüstete sich Ludwig auf der Neuenburg zum Marsch ins Osterland, um in Görschen (erneut) Landding zu halten. Jutta handelte mit unbestechlicher Kühle. Es gelang ihr – (der verstorbene Gemahl) Markgraf Dietrich hatte sie wegen ihrer Häßlichkeit einst nur widerstrebend geheiratet – mit dem Grafen Poppo von Henneberg in der Thomaskirche zu Leipzig eine zweite Ehe zu schließen ... mit der die politischen Berechnungen Ludwigs ... zusammenbrachen. Dem Bruder und Schwager blieb jetzt nur noch die militärische Gewalt, und er zögerte nicht, sich dieses Mittels zu bedienen.«

Bei diesem herzerwärmenden Bild feudaler Familien-, Macht- und Moralverhältnisse sei jedoch angemerkt, daß Ludwigs alsbald mit mehreren bewaffneten Expeditionen bewiesene Perfidie weniger dem Naturell des Akteurs entsprang als einer territorialpolitischen Lage, die sich einem Feudalen jener Zeit als Zwangslage darstellen mußte. Ludwigs »Drang nach Osten« folgte auf die Frustration im Westen: An den Schilden des Erzstiftes Mainz war im Juni 1219 die Fortsetzung der Fehde Hermanns abgeprallt, in dem Vergleich zu Fulda konnte nicht mehr als die Aufhebung des Kirchenbannes erreicht werden. In Hessen und Thüringen war der status quo erst einmal festgeschrieben.

Zudem blieben bei den Voraussetzungen des frühen 13. Jahrhunderts wenig Möglichkeiten, die Feudaleinkünfte durch Herrschaftsintensivierung erheblich zu erhöhen. Die grundherrlichen Einnahmen konnten als fixiert gelten. Ebenso blieben Versuche, Vogteieinnahmen und Gerichtsgefälle in eine allgemeine Steuer zu verwandeln, Versuche. Sie wurden auch von den Landgrafen unternommen, sporadisch belegbar seit 1155. Zur Zeit Ludwigs IV., schienen derartige Abgaben häufiger erhoben und – umstritten gewesen zu sein. Vor allem beschwerten sich die Klöster – ein Widerschein des alten Vogteistreites. Die Steuer, ein »neues Verfassungselement des Territorialstaates« (Patze), stieß als ungewohnte, von keinem Herkommen getragene Abgabe am offensten von klerikaler Seite, die von »ungerechten Einkünften« sprach, auf Widerstand.

Auch die Städte boten in ihrer Frühzeit einen nur begrenzten Zugewinn. Zugleich stieg der Herrschaftsaufwand mit der Herausbildung des Landesstaates. Die Zeugnisse für Anfänge einer »Beamtenschaft« – Leute, auf die nicht, wie beim Lehnsträger, Herrschaft delegiert wird, sondern die Befehle ausführen – werden in der Landgrafschaft für die Regierungszeit Ludwig IV. häufiger. Der Krisenausweg wurde in der Expansion gesucht. So treffen wir Landgraf Ludwig IV. im August 1225 an den Gestaden der Elbe, wo er der verwunderten Mannschaft das Ziel dieses Zuges nannte: die Burg Lebus, die der polnische Herzog Wladyslaw Laskonogi innehatte. Die ältere Geschichtsschreibung hat bei diesem Zug Bündnispflichten gegen das Erzstift Magdeburg oder den gerade mit Polen verfeindeten ungarischen Schwiegervater als Motiv angenommen. Doch wird ein derartiger Aufwand erst erklärbar, wenn man voraussetzt, daß er nicht für die zweite Hand stattfand: Ludwig hat fest damit gerechnet, daß ihm die Marken Meißen und Lausitz zufallen werden. Ludwig IV. reizte seine Karte noch weiter aus. Noch immer hatte Kaiser Friedrich II. das 1215 gegebene Kreuzzugsversprechen nicht eingelöst, im September 1225 aber, unter der Drohung des Bannes, in San Germano mit Papst Honorius III. eine unwiderruflich letzte Frist von zwei Jahren vereinbart. Wie schon nach dem Laterankonzil erhielten die Kreuzlegaten, deren einer, Konrad von Marburg, uns noch eingehend beschäftigen wird, erneute päpstliche Vollmacht zur Kreuzpredigt. Wegen des Kreuzzuges berief Friedrich II. zum Mai 1226 einen Hoftag nach Cremona. Am 22. April erschien Ludwig IV. in Ravenna, wo der Kaiser sich derzeit aufhielt. Der Landgraf hatte feste Vorstellungen, zu welchen Bedingungen der Kaiser seine Teilnahme am Kreuzzug erkaufen konnte. Weil sie sich längst als Zubußgeschäft erwiesen hatte, dem man sich jedoch nur bei Verlust seines Rufes als Ritter entziehen konnte, handelte Ludwig, obwohl schon seit 1224 unterm Kreuz und in Pflicht, in Ravenna guten Gewissens den erreichbaren Höchstpreis aus: Freie Kost und Überfahrt für das thüringische Kontingent, 4 000 Mark in Silber, die Eventualbelehnung mit den Markgrafschaften Meißen und Lausitz »und soviel vom Lande Preußen, wie er erobern und seiner Herrschaft unterwerfen kann, zu Lehen«. An dieser letzteren Zusage ist herauszuheben, daß sie im Beisein Hermanns von Salza stattfand, des Hochmeisters des Deutschen Ordens, dem doch gerade in der Goldbulle von Rimini das fragliche Gebiet zugesprochen worden war. Doch erweist sich die Doppelvergabe des Landes der Pruzzen eher als Ansatz, ludowingische und Ordenspläne einander näherzurücken: Die Förderung des Ordens bildete einen Bestandteil der »Ostpolitik« Ludwigs, gerade 1225 hatte der Landgraf den Deutschherren mit völliger Zoll- und Steuerfreiheit und weitgehenden Patronatsrechten in den landgräflichen Landen das bisher großzügigste Privileg ihrer noch jungen Geschichte zugesagt. Der bei Kaiser und Papst einflußreiche Hermann von Salza entstammte einem landgräflichen Ministerialengeschlecht. Zudem stellte der thüringisch-hessische Adel das Hauptkontingent der adligen Ordensmannschaft. Schließlich lag der noch uneroberte, »wilde« Landstrich weit weg im Monde, und es stand dahin, ob sich dem Orden ein nähergelegenes Aufgabengebiet erschloß. Entfernungen schienen für Ludwigs Expansionspolitik von sekundärer Bedeutung gewesen zu sein.

Hartnäckig hat sich der Landgraf noch kurz vor der Einschiffung im süditalienischen Brindisi obige Eventualbelehnungen vom Kaiser abermals bestätigen lassen: vorsorglich für seinen erstgeborenen Sohn Hermann. Kein Zweifel, daß sich hier eine langfristig angelegte Konzeption aussprach. Nur baute sie an der Zukunft vorbei. Ludwig sah weder das Heilige Land Palästina noch das der Pruzzen, sondern weiße Tauben, die Vögel des Friedens. Mit ihnen schmückte jedenfalls Dietrich von Apolda die letzte Stunde des Landgrafen. Er starb am 11. September 1227 an einer fiebrigen Seuche, die im Hafen und auf den Schiffen wütete und Friedrich zwang, die letzte ihm gestellte Frist zu brechen ...

Dies war Ludwig, Landgraf von Thüringen und Hessen, kein Schlagetot, aber ein Machtpolitiker reinsten Wassers. Natürlich stieß seine Politik Elisabeth nicht in der Weise ab, wie wir sie kritisieren. Dem Menschen Ludwig hat die Ungarin ihre Liebe nicht versagt. Sie gebar drei Kinder von ihm, das erste, den Thronfolger Hermann II., als sie selber fünfzehn Jahre zählte; das dritte Kind trug sie noch, als Ludwig dem Kreuzfahrerheer zuzog. In der Schmalkalder Abschiedsszene, die Kaplan Berthold überliefert, scheinen beide von jenem ungekünstelten Schmerz bewegt zu sein, den Albrecht von Johansdorf in seinem 1187 entstandenen Kreuzzugslied zu verdichten wußte:

Mich mac der tôt von ir minnen wol
scheiden;
anders nieman: das hân ich gesworn
ern ist mîn vriunt niht, der mir si wil
leiden
heiliger got, wis genaedic uns beiden!

Und in dem die Zurückbleibende hilflos fragt:
wie wiltu nu geleisten diu beide,
varn über mer und iedoch wesen hie?

Und doch: Bei der hohen moralischen Sensibilität Elisabeths, die sie schließlich auf die Suche nach einer für sie gültigen Lebensform trieb, gehört keine große Interpretationskunst zu der Annahme, daß ihr die Folgen jener von Ludwig wie von jedem anderen Feudalen mit Selbstverständlichkeit betriebenen Politik zutiefst leid waren: Gewalt, Unterdrückung, Not, die sich gerade auf die Rücken der Ärmsten am schwersten legten. Alle nachfolgenden Ereignisse sind nur so erklärbar. Doch bevor die Landgräfin klarsah, daß sie ein neues Leben beginnen mußte, blieb schon noch ein gut Stück an innerer Entwicklung von jener kurz anklingenden »Eheverdrossenheit« bis zu dem in der Tat ungewöhnlichen Entschluß, bei Hofe »auszutreten« und den Aufbau einer beginenhaften Gemeinschaft durchzusetzen. Um den »teuren Schatz aus Ungarland« scheint sich in den ersten Jahren am meisten die Landgräfin Sophie gekümmert zu haben. Im Jahr 1208 gründete Hermann bei Eisenach ein Zisterziensernonnenkloster, das der »Modeheiligen« der Kreuzzugszeit,

Katharina, geweiht wurde. Sophie, die 1221 selbst ins Katharinenkloster eintrat, zog Elisabeth demnach in den Bereich der Reformfrömmigkeit des 12. Jahrhunderts. Diese konnte kein Aufsehen erregen, bedeutete nichts Ungewöhnliches. Waren doch der aus jener hervorgegangene Zisterzienser-Orden wie die Praemonstratenser-Chorherren zu den meistfavorisierten Kongregationen der Zeit aufgestiegen. Noch im 12. Jahrhundert hatte zum Beispiel Cîteaux 14 Kardinäle und 75 Bischöfe gestellt. Dabei war der Ansatz, von dem Bernhard von Clairvaux als der eigentliche Ordensgründer ausging, durchaus kritisch gegen die vorherige klösterliche Kultur gerichtet. Zweierlei wurde mit der Charta Caritatis (als ältestem zisterziensischen »Grundgesetz«) anders: Die Zisterzen trugen sich ökonomisch selber, fußten auf der Eigenwirtschaft, lehnten es ab, von Bauern Zins zu empfangen – wobei die Klosterinsassen in zwei Gruppen gegliedert waren: die (eigentlichen) Mönche, von meist adliger Herkunft, mit Gebet, Gottesdienst und geistlicher Leitung befaßt; und die Konversen, Bauern- oder Stadtbürgersöhne, mit aller Handarbeit und wirtschaftlichen Aufgaben belastet. Zweitens erneuerte Bernhard die zentrale Geltung der Askese, und erklärte sie zur Voraussetzung einer mystisch gemeinten Christusvereinigung.

Solche »bernhardinische« Lebensform wurzelte unter anderem in der imitatio-Christi-Losung jener französischen Wanderprediger, die Anfang des 12. Jahrhunderts das irdische Leben Jesu und der Apostel erneut zu leben versuchten, in der Hoffnung, der somit neu erweckte Christus werde die Urkirche, die Gleichheit der Menschen und Bruderliebe in selig machender Armut herbeiführen. (Zu den Wanderpredigern gehörte anfangs auch Norbert von Xanten, der Begründer von Prémontré.) Hier schwang deutliche Kritik an den Amtsträgern der Kirche mit, die wie feudale Lehnsherren lebten. Die Wanderprediger, die sich selbst pauperes Christi – die Armen des Herrn – nannten, erklärten öffentlich, der Wandel des Klerus spotte seiner Berufung und mache das Sakrament fragwürdig, das jener spende. Dogmatisch gesehen, waren die pauperes Christi keine Ketzer.

Auch Bernhard von Clairvaux – wenngleich weit entfernt, den Pfad der Wanderprediger außerhalb von Regel und Ordnung weiterzugehen – kritisierte allzu bequem lebende Kleriker, die ihre Seelen mit »irdischem Kram« belasteten. Er führte den leidenden Christus in die Mystik ein, deren Sprache er vertiefte. Aber indem er die imitatio Christi zu einem geistigen Erlebnis verflüchtigte, dessen nur Mönche fähig seien, nahm er der Losung ihre lebensverändernde Kraft. Askese diente der Selbstheiligung aristokratischer Mönche, denn wer anders saß in den Klöstern außer Edelbürtigen, und nicht mehr als kritisch gemeintes Beispiel. Der Ruhm des Reformordens sank mit Verflachung der Sitten – eine Folge davon, daß zwar nicht der einzelne, wohl aber die Gemeinschaft Besitz haben durfte. Die Idee von Cîteaux erwies sich als feudalisierbar. Zuerst stießen die Zisterzienser mit den Bauern zusammen. Siegfried Epperlein führt eine Reihe von Beispielen an, wie die Ausdehnung der Klosterwirtschaften den Ruin und die Klagen ganzer Bauerndörfer heraufbeschworen. Selbst der Zisterzienser Caesarius von Heisterbach konnte nicht umhin, solche Beispiele zu erzählen.

Wenn Elisabeth ihre erste geistige Prägung von zisterziensischer Frömmigkeit empfangen haben soll, und das muß man wohl annehmen, so war diese zu ihrer Zeit nichts Besonderes. Dann aber wären die Querelen nicht verständlich, die schon bei stehender Ehe Konflikte signalisierten.

Von den Anfängen dieser Querelen berichtet freilich erst Dietrich von Apolda: Sophie äußerte ihr Befremden über Elisabeth, die sich in der Kirche hinwerfe und auch sonst erniedrige; zudem konnte Sophie das Ausmaß an caritas nicht billigen, das Elisabeth soweit trieb, einen Aussätzigen im Bett des landgräflichen Ehegemahls zu pflegen. Gegen die Fabulierlust des Dominikaners, die mindestens im zweiten Fall dem wirklichen Vorgang mit dramatisierender Erfindung hagiographisch aufhalf, warf Wenck mit Professorenernst ein, Dietrich habe einen gegen Elisabeth bei Hofe anzutreffenden Unwillen unhistorisch personifizieren wollen, und dazu die Landgräfinwitwe benutzt – der »Libellus« sagt jedoch nichts von einer Feindschaft Sophies gegen Elisabeth. Im Gegenteil beweise die Frömmigkeit der nachmaligen Zisterziensernonne, die durch einen (von Wenck erstmals ausgewerteten) Brief Papst Honorius III. sichergestellt ist, den baren Unsinn der von Montalembert aufgebrachten, aus Dietrich abgeleiteten These von der »bösen Schwiegermutter«. Wenck ging am Problem ebenso vorbei wie Montalembert. Kern der Sache ist, daß Elisabeth in einer ungewöhnlichen, ihren Stand kränkenden, in zisterziensischen Klöstern nicht üblichen Devotionsform ·am Gottesdienst teilnahm. Dies hielt auch der »Libellus« fest. Daß Elisabeth den Kopfschmuck, die Handschuhe, die höfischen Knüpfärmel und allen übrigen Schmuck während der Messe ablegte und sich an einen ihrer unwürdigen Platz unter dem »geringen« Volk stellte, berichteten die Hofdamen Guda und Isentrud doch nur, weil hier etwas nicht Alltägliches geschah. Hinzu trat ein um Standesgrenzen unbesorgter, vertraulicher Umgang mit den Mägden. Daß ihn Sophie tadelte, erscheint freilich erst bei Dietrich. Es wird bei diesem einen Beispiel nicht bleiben, der »Libellus« enthält Aussagen, daß die Landgräfin an Prozessionen barfuß teilnahm und gegenüber ihren Dienerinnen den überaus sonderbaren Wunsch äußerte, als Bettlerin zu leben. Und dabei soll sie sich, spielerisch, wie Wilhelm Maurer meint, in ein elendes Gewand gehüllt haben ... Man findet den Punkt, an dem sich zwischen Elisabeth und Sophie die Geister schieden, ziemlich klar bestimmt:»... die Demütigungen, die Elisabeth in ihr Leben als Fürstin hineintrug, ihre Sehnsucht nach Armut, ihr Streben, den eigenen Willen zu überwinden, verstand Sophie nicht mehr.« (M. Maresch)

Sehen wir zuviel, wenn wir bei der Landgräfin Ankündigungen einer neuen, am Hof als fremd empfundenen Lebenshaltung beobachten?

Frau Armut und die Landgräfin

Daß Elisabeth nachhaltig von Taten und Worten des Franziskus aus Assisi bewegt wurde, ist lange bekannt. Doch scheint die Bedeutung dieser Tatsache erst erkennbar, seit die jüngere Forschung den historischen Platz des Poverello klar und konkret bestimmen konnte. Als einseitig, wenn nicht falsch sind dadurch Aussagen wie die Wilhelm Maurers erwiesen, der noch »mit Entschiedenheit ... den inneren Anschluß der ... alten ›bernhardinischen‹ Reformfrömmigkeit an die neue, von den Bettelorden ausgehende religiöse Bewegung« behauptete. Zwar sagen diese wie jene Ja zur römischen Mutterkirche, sind aber doch in der Art und Weise dieser Bejahung voneinander geschieden. Franziskus verblieb innerhalb der Kirche, anders als die zeitgenössischen Ketzerbewegungen. Aber er bedeutete zugleich eine Wende. Weil die Feudalkirche ihrer Natur gemäß den apostolischen Anstoß, den die pauperes Christi hatten geben wollen, zunächst beargwöhnte und behinderte, konnte es nicht ausbleiben, daß ein Teil jener Laienbewegung in der zweiten Hälfte des 12. Jahrhunderts auf offen häretische Positionen überging, sich bewußt außerhalb der als entartet bezeichneten, mehr denn je zu einer Zentralinstitution der Feudalherrschaft gewordenen Kirche stellte. Um 1200 hatte der Einfluß der Waldenser und Katharer, der beiden hauptsächlichen Ketzerkirchen, einen nie gekannten Grad erreicht. Dies war Ausdruck einer elementaren Not, es herrschten nun einmal »unchristliche« Zustände, die der Sehnsucht der Menschen nach Erlösung immer neue Nahrung gaben, indes die offizielle Kirche an Glaubwürdigkeit verlor. Den sozialen Mutterboden jener Strömungen bildete überwiegend die Stadt, wo Erscheinungen einer sozialen Entwurzelung am ehesten möglich wurden. Zumal die Unversorgtheit und unterprivilegierte, unwürdige Stellung der Frau verstärkte das Potential der apostolischen und schließlich häretischen Bewegungen erheblich. Der Frauenanhang der pauperes Christi, der Katharer und der Waldenser war unverhältnismäßig groß. Diese mulieres religiosae traten in den meisten europäischen Ländern auf, zogen umher, sammelten sich um apostolische Prediger, bildeten Gemeinschaften, aus denen sich auch die Beginenhäuser entwickelten. Ein Kernpunkt der Lehren all dieser Bewegungen – ja geradezu ihr gemeinsames Erkennungszeichen – war die Armut. Wer sich zu ihr bekannte, ihr anhing und diente, konnte als erwählt gelten – war seine Seele doch frei von weltlichen, den Weg zu Gott verstellenden Bindungen. In der Ächtung und Verachtung von Reichtum und Besitzstreben griffen diese neuen pauperes Christi das Ethos der Evangelien wieder auf. Die Armutslosung entsprach einer Zeit, in der unverstandene ökonomische Prozesse – die Entfaltung der Ware-Geld-Wirtschaft mit ihren negativen sozialen Folgen – völlig neue Beziehungen zwischen den Menschen entstehen ließen, vermittelt durch das Geld, das in der althergebrachten frühfeudalen Ordnung keinen Platz gehabt hatte und nunmehr als Inbegriff der Un-Ordnung galt, als der böse Dämon der Zeit, als Waffe des Teufels. Und wer sich mit ihm einließ, wie nicht zuletzt viele hochgestellte Kleriker, verlor das Heil.

Die Ursache, daß im 12. und über die Wende zum 13. Jahrhundert hinaus immer neu sozialreligiöse Reformbewegungen auftraten, die die Kirche zu ihrem Ursprung zurückführen wollten, lag in der engen und tiefen Verbindung der Kirche mit der feudalen Macht. Auch nach der gregorianischen Reform, die angetreten war, die Eigenständigkeit der Kirche gegen weltliche Machtträger zu sichern und sie von simonistischen Priestern zu säubern, bestand jene Verbindung fort, und zwar um so mehr, als sich das erstarkende Papsttum als *die* Ordnungsmacht des feudalgesellschaftlichen Europa verstand und eine machtorientierte Politik betrieb, nach deren Maßgabe das geistliche Amt ausgeübt wurde. Die stolzen Repräsentanten dieser Feudalkirche kargten denn auch nicht mit äußerem Prunk und herrscherlichem Auftreten. Ein Widerspruch zur evangelischen Botschaft fiel keinem dieser geistlichen Fürsten in den Blick, galt ihnen doch feudales Ständedenken als natürlich und legitimiert durch eine Theologie, die selbst noch dem Himmelsaufbau die Regeln der Lehnspyramide überstülpte und Christus zum Himmelsvogt stilisierte. Indem jedoch das irdische Urbild dieses Feudalhimmels in Spannungen und Kämpfe fiel, gerieten die Gemüter der leidtragenden Christenheit in Bewegung. Der soziale Ort dieser Unruhe war aber nun, stärker als zu Zeiten der französischen Wanderprediger, Norberts von Xanten und Bernhards von Clairvaux, die Stadt.

Mit diesem Vorbehalt wurzelte auch die von dem Kaufmannssohn Franziskus um 1210 ins Leben gerufene Buß- und Gebetsgemeinschaft, die wiederum die unverkürzte Nachfolge Christi, eine vita nova ganz gemäß dem Evangelium leben wollte, tief in den Gedankengängen der pauperes Christi. Bei Franziskus treffen wir die gleiche Rigorosität der Armutsforderung, die sich nicht begnügt, dem einzelnen Mitglied der Gemeinschaft jeden Besitz zu verbieten, sondern auch dieser selbst – ein Fundamentalsatz, der alle in der Mönchswelt bis dahin üblichen Auffassungen hart zurückweist. Arbeit, Krankenpflege und notfalls der Bettel sollten den Unterhalt sichern. Beredt für die frühfranziskanische Haltung ist das 1227 entstandene Sacrum commercium Francisci cum domina Paupertate: Hier erklärt Franz der »Frau Armut«, warum die bisherigen Orden ihr untreu wurden: weil sie der Gemeinschaft Besitz zugebilligt hatten. Auch Franziskus lehnte die klösterliche Niederlassung, die stabilitas loci, ab, die doch immer wieder zu mönchischer Bequemlichkeit einlade, und zur Flucht aus den Forderungen des Evangeliums. Auch bei Franziskus das starke, sich auf die innere Berufung gründende Aussendungsbewußtsein; auch hier die Wertschätzung der Frau; auch hier eine neue Art Religiosität, die das Menschliche an Christus betont; und die Auffassung, daß ihm gerade der Arme, der Bedrückte, der Leidende am nächsten stehe.

Aber Franziskus ging nicht den Weg des 1184 exkommunizierten Häretikers Waldes, des Begründers der waldensischen Bewegung, deren Einfluß auf Franz vielfach diskutiert worden ist. Zu dessen Armutsauffassung gehörte

Bild 8 Die hl. Elisabeth schenkt einem Bedürftigen ein Gewand, Ausschnitt aus dem Elisabethaltar in der Marienkapelle des Magdeburger Domes, Sandstein, um 1360

auch eine »geistige Armut«, die er humilitas nannte: Demut. Gehorsam gegen die Kirche und ihre Amtsträger blieb das Siegel der franziskanischen Botschaft. Nicht Rebellion, sondern Wandel von innen – so dachte der Poverello.

Dennoch: Wandel von innen; Gehorsam, der Freiheit zum Widerspruch läßt, wenn »oben« gegen das Evangelium gehandelt wird; eine Amtsauffassung, die fern von Herrschafts- und Machtdenken steht; die stille Kritik eines armen, wahrhaft evangelischen Lebens brachten Dynamik in diese ganz und gar katholische und sehr sanftmütige Erneuerungsbewegung. Sie mußten einem traditionell denkenden Kleriker erst einmal verdächtig erscheinen: Sollte dies denn ein »ehrbarer« Orden sein, der in seine Reihen unbesehen Männer jeglichen Standes aufnahm – ohne die »natürliche« Scheidung zwischen Edelbürtigen und Plebs zu beachten? Man messe diese Aufnahmepraxis an jenem vielzitierten Satz der Benediktinernonne Hildegard von Bingen: »Wer wird wohl sein Vieh zu *einer* Herde in *einem* Stall vereinigen? Rinder, Esel, Schafe, Ziegen, ohne sie zu trennen? Daher muß auch in diesem Punkt eine klare Scheidung walten, denn Gott setzte bei seinem Volk auf Erden und auch im Himmel Unterschiede.« Bei aller kritischen Potenz erschien die frühfranziskanische Bewegung den klügsten Vertretern der römischen Kurie, die für die soziale Situation in den Städten einen Nerv hatten, durchaus interessant und in der Lage, verlorenen Massenanhang für Rom zurückzugewinnen. Nur galt es, die unmönchischen, unklösterlichen Elemente im frühfranziskanischen Ideengut im Sinne antihäretischer Militanz zurückzudrängen. Dies nahm Kardinal Ugolino von Ostia, 1219 zu Franz' Protektor eingesetzt, sich zum still und zäh verfolgten Ziel. Im Orden brachen Kämpfe um Selbstverständnis und Organisationsform aus. Diese Regelkämpfe waren oftmals wenig brüderlich und trieben den sensiblen, um das Eigene seiner Mission besorgten Stifter wiederholt in die Einsamkeit.

Der jungen Ordensgemeinschaft sind seitens feudalkirchlicher Instanzen langanhaltend und vielerorts ablehnende Reaktionen entgegengesetzt worden. Der erste, 1219 unternommene Versuch der Minderbrüder, in Deutschland Fuß zu fassen, scheiterte völlig. Laut der (zur Frühgeschichte der Ordensausbreitung nördlich der Alpen wichtigsten) Chronik des Franziskaners Jordan von Giano scheiterte diese Mission aus demselben Grund wie eine Parallelaktion in Frankreich. Dort hatte der Bischof von Paris die Franziskaner, weil er ihr Auftreten als häretisch ansah, trotz päpstlichen Schutzbriefes seiner Diözese verwiesen. In Deutschland gar ging es handfest zu, Jordan berichtete von Gefängnis und Prügel. 1221 mußte Franziskus selber den Seinen Mut zu einer erneuten Aussenkung in die Region der (meist) bischöflich dirigierten germanischen Rauhbeine machen. Inzwischen hatte er auf seiner Nahostreise in dem Gelehrten Cäsar von Speyer den richtigen Mann gefunden, die Mission zu leiten. Cäsar stand bald in dem Kreis der engsten Vertrauten, in den Regelkämpfen zog Franz ihn zur Abfassung der späteren regula bullata heran, der vierten, schließlich päpstlich bestätigten Fassung der Ordensregel. Später wurde Cäsar von Speyer als einer derjenigen verfolgt, die der unverkürzten franziskanischen Botschaft treu blieben.
Obwohl auch 1221 vom Erzbischof von Köln behindert, fand die franziskani-

Tafel 9

41

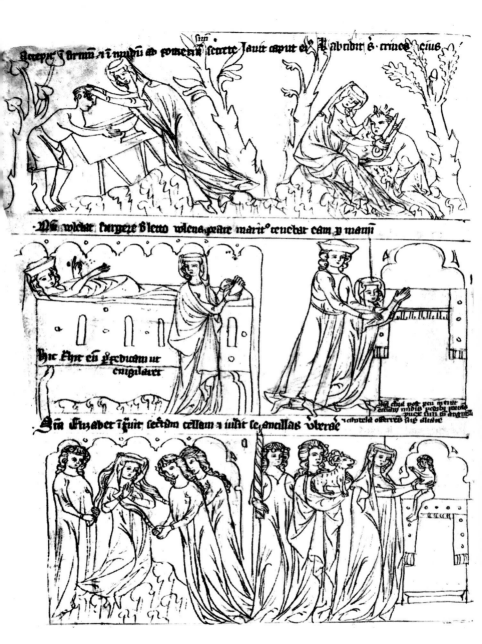

Tafel 11

43

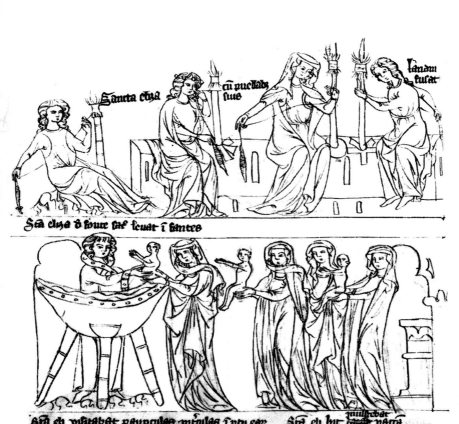

Santa elizabet   cū puellas sue   Landarī tuf̄et

S̄ta elīza d̄ fonte t̄f̄ leuat̄ ī ſantes

S̄ta cū viſitabat pꝛuperlas metulas ꝑptū eāꝝ   S̄ta cū hii mulīerbat̄ vēnt

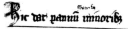

Hic dat pannü minoribç

hic dat paupibç pannü .

Sca cli hic dat infanulç veftem

fancta cli femp that adteplituram pauper

Sca cli dat lar paupibç mulieribç · Sca cli ad reres nrñ anradi redit ec alıç vganibç

ı iħe vienatur eas

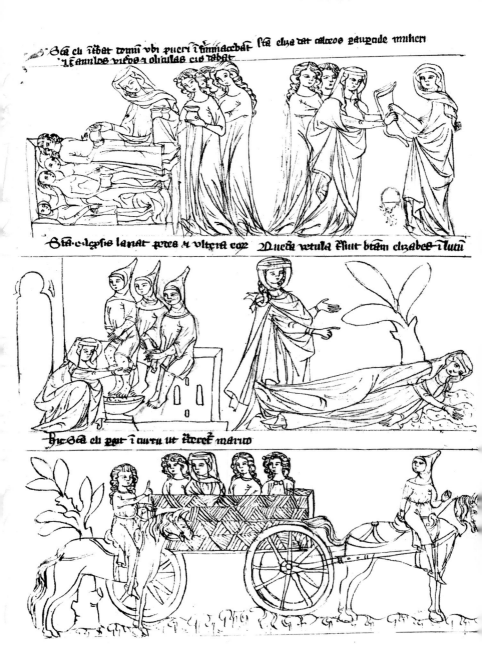

Bá eú tébet tónu vbi pueri íñmacebát ſtá elza dat caltos paupade muhiri ſfannlos viedo 7 oliuilas cis tébat

Bá eclepfie lanat pres 4 vltera coz 2Dueta rtula ēſtut bram elzabet íꝛluui

Bic Bá eú per í curru ut ētctef marito

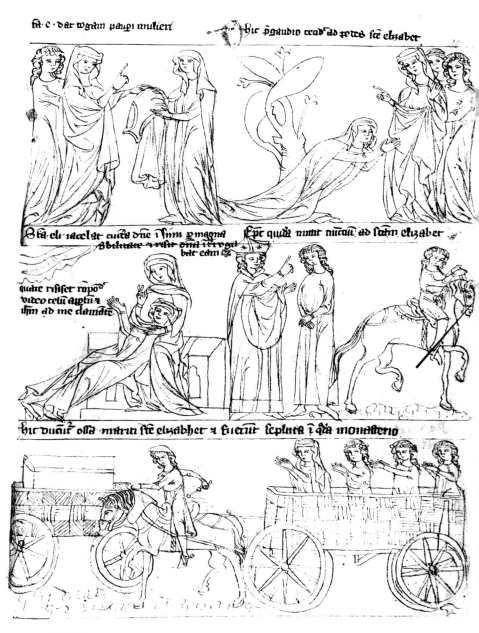

Aus dem Leben und der Legende der hl. Elisabeth, Federzeichnungen im sog. Krumauer Bilderkodex, Böhmen, 2. Viertel des 14. Jh. (?) Wien, Österreichische National-bibliothek (Tafeln 9-20)

Tafel 9 Guda unterrichtet Elisabeth (oben); Elisabeth beim Spiel mit ihren Gefährtinnen, das sie wegen des Gebets unterbricht (Mitte und unten)

Tafel 10 Elisabeth beim Spiel mit ihren Gefährtinnen, das sie wegen des Gebets unterbricht (oben und Mitte); in Gegenwart Gudas nimmt Elisabeth die graue Tunika aus der Hand des Magisters Konrad (unten)

Tafel 11 Elisabeth wäscht einem Kranken den Kopf und schneidet ihm die Haare (oben); als Elisabeth sich zu nächtlichem Gebet erheben will, hält ihr Gemahl sie bei der Hand – sie zieht ihn am Fuß, damit er aufwacht (Mitte); Elisabeth befiehlt ihren Mädchen, sie zu schlagen; nach der Geburt ihres Sohnes trägt sie den Knaben mit einem Lamm und einer Kerze in die Kirche (unten)

Tafel 12 Von den ihrem Gemahl und ihr gereichten Speisen schickt sie einen Teil ihrem Gefolge (oben); Elisabeth schläft vor dem Bett – ihre Gefährtinnen machen ihr deshalb Vorwürfe (Mitte); Elisabeth zieht ihr Gewand aus und schenkt es einer Bedürftigen (unten)

Tafel 13 Elisabeth spinnt mit ihren Gefährtinnen Wolle (oben); Elisabeth wird Patin armer Kinder, die sie aus der Taufe hebt, und gibt den Müttern Kleidung für ihre Kinder (Mitte); Elisabeth besucht arme Wöchnerinnen, melkt eine Kuh und gibt den Frauen die Milch (unten)

Tafel 14 Elisabeth gibt den Franziskanern und Bedürftigen das von ihr gewebte Tuch (oben); Elisabeth sorgt für ein würdiges Begräbnis von Armen und nimmt an der Aussegnung teil (Mitte); ihr Beichtvater Konrad geißelt sie wegen einer versäumten Predigt (unten)

Tafel 15 Elisabeth besucht kranke Knaben und schenkt ihnen Krüglein; einer armen Frau gibt sie Schuhe (oben); Elisabeth wäscht Aussätzigen die Füße; ein altes Weib stößt Elisabeth in den Straßenschmutz (Mitte)

Tafel 16 Elisabeth schenkt einer Bedürftigen ein Gewand, die sich ihr aus Dankbarkeit zu Füßen wirft (oben); eine Frau hält die geschwächte Elisabeth auf ihrem Schoß – auf die Frage, warum sie lache, antwortet Elisabeth, daß sie den geöffneten Himmel und Jesus sehe, der ihr zurufe; der Bischof von Bamberg sendet einen Boten zu Elisabeth (Mitte); Elisabeth erwartet die Gebeine ihres Gemahls, die in das Kloster Reinhardsbrunn überführt werden (unten)

Tafel 17 Einer Jungfrau werden die Haare abgeschnitten und sie wird dem Kloster übergeben (oben); der König von Ungarn schickt einen Boten zu seiner Tochter (Mitte); Elisabeth wäscht Geschirr; einem Blinden gibt sie das Augenlicht zurück (unten)

Tafel 18 Magister Konrad trennt Elisabeth von ihren Gefährtinnen (oben); der Bote des Königs von Ungarn trifft sie beim Wolleraufen an (Mitte); Königin Gertrud von Ungarn erscheint ihrer Tochter und bittet um ihr Gebet (unten)

Tafel 19 Elisabeth betet für einen Gichtkranken, der daraufhin geheilt wird (oben); Elisabeth holt Fische für einen Kranken (Mitte und unten); Elisabeth auf dem Totenbett – ihre Seele steigt zum Himmel auf (unten)

Tafel 20 Elisabeth findet einen Kranken, der vor der Kirche liegt (oben); sie hebt den Aussätzigen auf und nimmt ihn unter ihren Mantel (Mitte); Elisabeth badet den Aussätzigen und legt ihn in ihr Bett (unten)

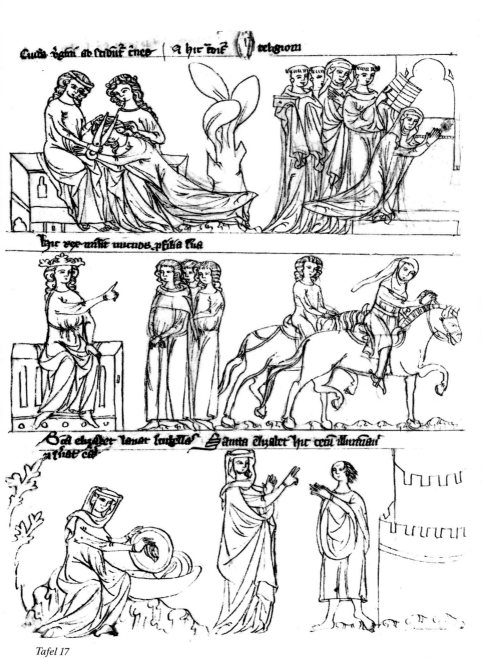

Cuibs ūgm̄ ab sibus̄ ēnes | ꝗ hir tūsē () relgiom

hir ver unlit incenos p̄lita sua

Bcd elizaber louor lucbcllas | samia elizabet hir ceū murmau
ꝗ sibar cēt

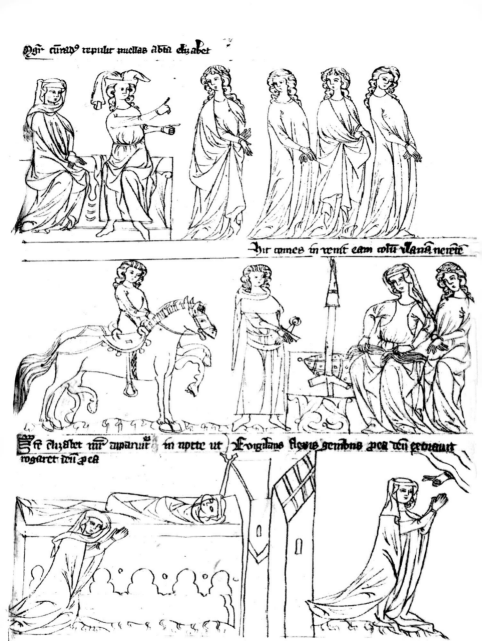

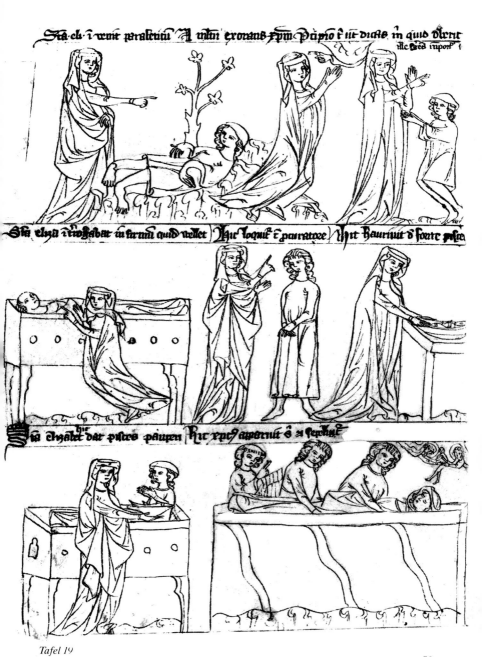

Tafel 19

sche Predigt einen schnell wachsenden Zulauf städtischer Bevölkerung. Binnen eines Jahres gab es so viele Neueintritte, daß 1222/23 die junge deutsche Ordensprovinz in eine sächsische und eine Rheinprovinz geteilt werden mußte. Im Oktober 1224 führte Jordan von Giano, der spätere Chronist, die ersten sieben Franziskaner nach Thüringen. Vorbehalte und Zurückweisungen behinderten die Ausbreitung der Gemeinschaft auch, nachdem sie sich zu einem Bettelmönchsorden umgeformt hatte. Noch um 1230 mußte der Papst bei den Bischöfen von Worms und Würzburg intervenieren, um die Minderbrüder gegen die Übergriffe des Klerus zu sichern. Die Quellen reflektieren Vorgänge ähnlicher Art in dem engeren Gebiet, das wir zu betrachten haben, und auch seitens weltlicher Feudaler. Als es die vier Brüder, die 1225 in die Stadt Mühlhausen gekommen waren, deren Vogt, Graf Ernst III. von Gleichen abschlugen, in das von ihm bereitgestellte Haus zu ziehen, und statt dessen darauf bestanden, in dürftigen Kellerräumen ein den Ärmsten verwandtes Leben zu führen, ließ der adlige Gönner die unmönchischen Mönche aus der Stadt treiben.

In Eisenach gab es Probleme mit der Pfarrgeistlichkeit. In Jordans siebenköpfigem Anhang befand sich Hermann von Weißensee. »Als derselbe«, so berichtete die Chronik Jordans, »nach Eisenach kam, wo er einstmals Kaplan gewesen, dann zu den Herren des Deutschen Hauses sich begeben . . ., wurde auf seine Predigten und seinen Lebenswandel hin, da er von einer so vorteilhaften Stellung, wie sie das Haus der Deutschen Ordensbrüder bot, zu einem so geringen und strengen Orden sich herabgelassen hatte, das Volk nicht wenig betroffen. Daher strömte die ganze Stadt zusammen an jedem Ort, für den er auch immer seine Predigten angesagt hatte.« Wohl um den Verlust von Kirchgängern zu steuern, sollen die beiden Pfarrgeistlichen dem Franziskaner angeboten haben, sich für eine der drei damaligen Stadtkirchen zu entscheiden. Jordan, seit 1224 custos der zur sächsischen Provinz hinzugekommenen Kustodie Thüringen, traf die Wahl und entschied für St. Michael. In den Dimensionen eines städtischen Pfarrbezirks wurde die lange umstrittene stabilitas loci noch einmal zum Instrument, die franziskanischen Fremdlinge organisatorisch zu integrieren.

Dieser Orden nun, neuartig und halbwegs zweifelhaft, und geprägt von zeitgemäß-unentfalteter, religiös-empfundener Kritik an der vorgefundenen, auf feudales Privileg wie Geld und Reichtum orientierten Gegenwelt zum Gebot Christi; dieser Orden – oder doch die größere sozialreligiöse Gesamtströmung jenes frühstädtischen Zeitalters, der Franziskus ebenso angehörte wie irgendeine der friedlosen Armutsbewegungen, der mulieres religiosae und neuen Gemeinschaftsansätze der Beginen – wurden von einer Hochadligen bejaht, die durch ihr Ethos und die Konflikte der Zeit beirrt, eine christusmäßige Bahn suchte.

Für solch unerhörten Vorgang gibt es aus der Zeit vor dem Eintreffen Konrads von Marburg 1226 drei Belege: Die geschilderte Ansiedlung einer Gruppe von Minderbrüdern in Eisenach, die laut Konrads Brief auf Verantwortung Elisabeths geschah; die Wahl des Franziskaners Rodeger zu ihrem geistlichen Betreuer; und die durch ihr Ausmaß ungewöhnliche Hilfeleistung, die Elisabeth, im Sommer 1226 bei Abwesenheit Ludwigs IV. mit der Regentschaft betraut, nach zwei Mißernten und einer Lebensmittelteuerung den Armen des Landes erwies.

Dieses dritte Beispiel wird von allen Quellen widergespiegelt, natürlich kann es Dietrich von Apolda nicht unterlassen, zu übertreiben: Während der Brief Konrads, übereinstimmend mit dem »Libellus« berichtete, daß die Landgräfin »alle ihre Einkünfte aus den vier Fürstentümern« (Thüringen, Hessen; Meißen und Lausitz wurden mitgezählt!) verwendete, ließ Dietrich das Possessivpronomen weg. Doch auch nach Korrektur dieses »großzügigen« Verfahrens bleibt noch immer eine Leistung, die in Erstaunen versetzt. Hören wir Konrad von Marburg: »Nach Beginn der schweren Teuerung, die zum Hungertod vieler Menschen führte, erwies Elisabeth ihre Güte. War sie zeitlebens eine Helferin der Armen, so nun auch die Ernährerin der Hungernden. Nahe ihrer Burg ließ sie ein Hospital erbauen und nahm sehr viele Kranke und Schwache darin auf. Denen, die dort Almosen erbettelten, gab sie reichlich und barmherzig, und nicht nur dort verwendete sie alle ihre Einkünfte ... in dem Maße zum Besten der Armen, daß sie schließlich auch allen Schmuck und teure Kleider verkaufen ließ.« Ähnlich wie Guda im »Libellus« malt Konrad dann die unmittelbaren Hilfeleistungen der Landgräfin aus, die sich demnach nicht scheute, selbst Hand anzulegen. Das Hospital ist historisch sicher überliefert, auch seine Lage ist bekannt. Auf diesem »Elisabethplan« unterhalb der Wartburg haben hundert Jahre später Franziskanerbrüder ein »klösterleyn« errichtet. Dietrich nennt uns, hierin sicherlich ernstzunehmen, sogar die Zahl der Betten: 28.

Daß all dies wiederum als ungewöhnlich empfunden wurde, zeigt die Opposition, die nach der Rückkehr Ludwigs IV. aus Ravenna gegen die unfürstliche Fürstin laut wurde – hier stießen zwei Lebensauffassungen aufeinander. Erblickte man mit Maurer in der Hilfsaktion des Sommers 1226 »nur Züge, die zum althergebrachten Bild wohltätiger fürstlicher Frauen gehören«, wäre jene Opposition kaum zu erklären. Sie war immerhin so dauerhaft, daß Ludwig IV. für die Kreuzzugszeit und den Todesfall die Regentschaft nicht erneut Elisabeth, sondern Heinrich Raspe IV. übertrug. Auch der spätere Wittumsstreit ist ohne ein schlechtes Verhältnis zwischen Elisabeth und der landgräflichen Familie nicht zu erklären.

Dabei ist Elisabeth sehr methodisch, und nicht »maßlos« vorgegangen. Laut Guda veranlaßte sie Aktivitäten zur Selbsthilfe, leitete eine Getreidemahd an, gab Sicheln zum Mähen, Schuhe wegen der rauhen Stoppeln und Kleidung aus. Falls Guda authentisch berichtet hat, und wir es nicht mit erbaulichen Stilübungen des »Libellus«-Schreibers zu tun haben, dann hat Elisabeth dabei Bibelworte in ähnlicher Form gebraucht, wie sie die 1221 verfaßte regula non bullata (vom Papst nicht bestätigte Fassung der Ordensregel der Minoriten) enthielt. Schwieriger zu werten ist die dritte Tatsache: die Berufung des Minderbruders Rodeger zum magister disciplinae spiritualis, ein Begriff, der nicht korrekt mit »Beichtvater« übersetzt zu werden pflegte – durften doch die Minderbrüder auf Frauen nur als Bußprediger einwirken und keinen Gehorsam verlangen.

Auffällig sogleich, daß alle eigentlichen Elisabeth-Quellen von dem Franziskaner schweigen. Allein die Chronik Jordans von Giano nennt Rodeger in obiger Eigenschaft. Spricht aus jenem Schweigen eine Tendenz, oder nur die Unerheblichkeit der Episode? Wenden wir uns der Chronik zu. Auch Jordan hellt die Person Rodegers nur spärlich auf. Schon 1221 trat dieser in die religio des Franziskus ein, beteiligte sich 1222 an der Aussendung Johann di Carpines nach Hildesheim, die der dortige Bischof Konrad, unter den deutschen Diözesanen der einzige Förderer der Minderbrüder, genehmigt hatte, und an der Gründung der sächsischen Provinz. Danach stand Rodeger, den übrigens kein anderer als Cäsar von Speyer in die Brüdergemeinschaft aufgenommen hatte, der Niederlassung in Halberstadt als Guardian vor. Jordan geht dann zur Schilderung seiner thüringischen Mission über,das Auftreten Bruder Hermanns von Weißensee ist uns bereits bekannt. Der Name Rodegers fällt in diesem Zusammenhang nicht. Über seine Tätigkeit auf der Wartburg verlautet nichts weiter, als daß er Elisabeth lehrte, ihren Körper zu kasteien, und sich in Demut, Geduld, Gebet und den Werken der Barmherzigkeit zu üben, d.h., er forderte sie auf, nach der Regel des Dritten Ordens des Franziskus zu leben. 1224 wurde Jordan custos in Thüringen, nicht früher dürfte Rodeger das Amt auf der Wartburg angetreten haben. So unversehens, wie Rodeger kam, verschwand der magister disciplinae spiritualis wieder von der Wartburg und aus der Chronik. Wie mag der Abgang Rodegers ausgesehen haben? Wir wissen darüber nichts. Doch hat die Tatsache, daß auf Rodeger kein Franziskaner folgte, schon Karl Wenck aufmerksam gemacht. Es kam die wichtige Frage in die Debatte: Hat der Wechsel von Rodeger zu Konrad von Marburg, der sich in seinem Brief als confessor bezeichnet, eine grundsätzliche Bedeutung?

Mit Hinweis auf den Priestermangel in der sächsischen Ordensprovinz der Franziskaner ist der Wechsel auch nicht erklärbar, weil der Priesterstand Rodegers gar nicht gesichert ist. Das Guardiansamt konnte im Orden um diese Zeit noch von einem Laien ausgeübt werden. Zudem ist zu fragen, ob der junge Orden, der es, wie wir sahen, schwer genug hatte, eine solche Position wie die auf der landgräflichen Hauptburg freiwillig aufgeben konnte?

Gewichtiger scheint sich die Argumentation Wilhelm Maurers auszunehmen: »Von vornherein fällt für unsere Betrachtung die Hypothese hin, die die bisherige Forschung beherrscht hat, als habe Konrad den Franziskaner Rüdiger bei Elisabeth ablösen und ... ihre Begeisterung für die franziskanischen Ideale dämpfen sollen ... Der Landgraf hat ganz andere Dienste vom Beichtvater seiner Frau zu erwarten.« Und dann entrollt Maurer durchaus überzeugend die Kreuzzugskonzeption Ludwigs IV., die nicht nur die uns schon bekannten Zielpunkte enthalten mußte, sondern auch, als gleichsam defensive Komponente, die Sicherung der landgräflichen Rechte, speziell der kirchlichen Einkünfte im Territorium gegen den Zugriff des geistlichen Oberhirten und Erzkontrahenten Mainz. In dieser Konzeption kam dem einflußreichen und von Mainz unabhängigen Kreuzlegaten Konrad von Marburg eine tragende Rolle zu, dem der Landgraf am 12. Juni 1227 mit päpstlicher Billigung für die Zeit seiner Abwesenheit die Verfügungsgewalt über die Pfründen der landesherrlichen Patronatspfarren überschrieb. Die Kreuzzugsteuern aus diesen Pfründen konnten so zwischen Wartburg und Rom direkt und mithin wohl günstiger als mit dem Diözesan verrechnet werden. Soweit, sogut. Nur betrifft die dankenswerte Zusatzinformation gar nicht unser Erörterungsfeld. Die Feststellung, Konrad von Marburg habe sich in einer mit Rodeger nicht vergleichbaren, viel höheren Stellung befunden, räumt die Frage nicht aus, was dies alles in bezug auf Elisabeth bedeutet; räumt die Frage nicht aus, ob Konrad nicht gleichwohl *auch* »Korrektorstelle« antrat? Die Frage Karl Wencks bleibt also im Raume stehen. Sie wird noch gewichtiger, wenn wir die Aussage der Magd Irmingard erwägen, Elisabeth habe sich Konrad selber zum Beichtvater gewählt, weil er, anders als die Bischöfe und Prälaten, nichts besitze und nichts besitzen wolle. Die Glaubwürdigkeit der von Konrad eingesetzten Magd einmal unerörtert, kann die Nachricht im Blick auf die hochpolitische Gesamtmission Konrads, die ihn mit dem landgräflichen Haus gleichsam auf der Ebene der »Staatsräson« verband, nicht einfach für bare Münze genommen werden. Inmitten einer Stimmung des Unmuts gegen sie wird sich das Mitspracherecht der Neunzehnjährigen eher in Grenzen gehalten haben. Jene Frage kann offenbar nur entschieden werden, indem wir im Fortgang der Geschichte die geistigen Konturen des confessors wie der Landgräfin sowie ihr Verhältnis zueinander schärfer fassen, das von Arno Borst als »spannungsreiche Gemeinschaft« gekennzeichnet worden ist.

»Soror in saeculo – Schwester in der Welt«

Wohl bald nach der Ankunft des neuen Beichtvaters legte Elisabeth 1226 in dessen Hand und vor der versammelten ludowingischen Sippe im Katharinenkloster feierlich das Gelübde der Ehelosigkeit im Fall der Verwitwung ab. Das pflichtmäßige Ritual besaß einen politischen Sinn: einer Neuverheiratung der Landgräfin, die Verwicklungen in der Thronfolge hätte herbeiführen können, war nun vorgebeugt. Wozu aber diente das zusätzliche Gehorsamgelübde, von dem im »Libellus« Isentrud berichtet? Es wird in der Zunahme der Nachtwachen, Gebete und Kasteiungen wirksam, die seit Ankunft Konrads den Quellen zu entnehmen ist. Wohl ging es um die Disziplinierung der religiös Suchenden in konkreter Richtung. Warum aber schweigt Konrad von diesem Akt? Hat er nicht stattgefunden? Es gibt einen Grund, weshalb Konrad seine Rolle in der Elisabethgeschichte gegenüber dem Papst zurückhaltend darstellen mußte: Im katholischen Verständnis kann eine Heilige nur aus Gott und ihrem eigenen inneren Antrieb heraus heilig werden – es wäre sicherlich mühsamer zu begründen, weswegen Isentrud jenes Gehorsamgelübde erfunden haben sollte.

Unter allen Episoden des Elisabethlebens läßt sich als Beispiel des Gehorsams, den die Landgräfin ihrem Beichtvater alsbald gezollt habe, am besten jenes vielbesprochene Speisenverbot heranziehen, das Konrad Elisabeth für die Zeit auferlegte, da Ludwig auf dem Kreuzzug weilte – auch dies eine asketische Vorleistung, die zum Gelingen des Kampfes um Palästina beitragen sollte. Aber mehr als das. Konrad hatte seinem Beichtkind keinen Katalog verbotener Speisen in die Hand gegeben, sondern den Auftrag, sich danach zu entscheiden, was aus rechtmäßigen oder unrechtmäßigen Einkünften auf den Tisch käme. Es wird nichts darüber gesagt, doch unterliegt bei Konrads politischen Ansichten kaum einem Zweifel, was als »ungerechte Einkünfte« galt: Steuern und Vogteigelder. Wenn aber die Gemahlin eines Reichsfürsten ein solches Speisenverbot einhielt, dann sprach sie die Unrechtmäßigkeit einer vielleicht nicht ganz unbedeutenden Gruppe von Einkünften des Landesherrn aus! Daß sich der stolze Ludwig diese Demonstration gefallen ließ, ist wohl weniger auf seine vielgerühmte religiöse Duldsamkeit zurückzuführen, als darauf, wie nötig er Konrad brauchte.

Noch eine zweite Zusage sollen laut Dietrich von Apolda Ludwig und Elisabeth dem Magister gemacht haben: ihr beim Abschied noch ungeborenes Kind in ein Praemonstratensernonnenkloster zu geben. In der Befolgung des Speiseverbotes und in den kreuzzugsbezogenen Exerzitien haben wir schon die einzigen Beispiele an Taten vor uns, die aus dem religiösen Erbe erklärbar sind, das Elisabeth von Sophie übernommen hat. Zu allen späteren Handlungen und Entschlüssen gehört eine zumindest anteilweise »franziskanische« Motivation. Doch wenden wir uns nun dem confessor selber zu.

Die Geburt Konrads von Marburg ist für das Jahrzehnt 1170-80 anzusetzen. Den Magistergrad soll Konrad an der Universität Paris erworben haben, dem europäischen Zentrum der Frühscholastik um 1200.

Die erste sichere Nachricht knüpft an die Kreuzzugsbulle Papst Innozenz III. vom 14. Dezember 1215 an: Die vom IV. Laterankonzil angestrengte Aktualisierung der Kreuzzugsidee hatte die Berufung von neuen Kreuzpredigern zur Folge. Unter diesen legati crucis tauchte nun erstmals Magister Konrad auf. Ihm wurde die Kirchenprovinz Bremen zur Predigt zugewiesen. Sein Name steht neben denen zweier hochgestellter Kleriker, des ehemaligen Bischofs Konrad von Halberstadt und des Domscholasters Johannes von Xanten, der Kaiser Friedrich II. bei seiner Krönung in Aachen am 25. Juli 1215 das Kreuz überbracht hatte. Hieran ist der Rang eines legatus crucis abzulesen, der alle, denen er auf seiner amtlichen Wanderschaft predigte, zur Devotion und zur Förderung des Unternehmens verpflichtete. Für Spender und bei Zusage der Teilnahme hatte der Kreuzlegat Vollmacht, Ablaß zu erteilen; und erhebliche Gelder zu verwalten. Er reiste in kleinem Gefolge, Konrad zumal, wie sein glühender Verehrer Caesarius von Heisterbach uns versichert, gleich Jesus auf einem Maulesel.

Bei den Kreuzpredigern handelte es sich um den vornehmsten und gebildetsten Teil des hohen Klerus in Deutschland, dessen Treue zu Rom als untadelig galt. Zu solchem Rang paßte auch, daß Konrad vom Papst am 9. März 1218 neben zwei Prälaten zum Schlichter in einem Vogteistreit zwischen hochadligen Parteien bestellt wurde, den das Benediktinerkloster Nienburg gegen seine Vögte Herzog Albrecht I. von Sachsen und Graf Heinrich I. von Anhalt anstrengte. Eine andere Nachricht zeigt Konrad in Vorwegnahme seiner düsteren Zukunft als Beisitzer eines geistlichen Gerichts, vor dem sich der Praemonstratenserpropst Heinrich Minnike aus Goslar 1222 des Verdachts der Ketzerei zu erwehren hatte.

In jüngerer Zeit fand man die Vermutung bestätigt, daß der Magister in enger Verbindung zum Orden der Praemonstratenser gestanden haben muß. Was bedeutet dies für unsere Untersuchung?

Der Ordensgründer Norbert von Xanten begann seine geistliche Laufbahn als einer der Wanderprediger des 12. Jahrhunderts. Die kirchliche Predigererlaubnis bekam Norbert erst, als er sich zur klösterlichen Lebensform bekannte und 1120 die Niederlassung Prémontré gründete – das Mutterhaus der Praemonstratenser-Chorherren. Norbert verschrieb sich nun der Aufgabe, »das klerikale Leben idealgemäß zu reformieren«. Selbstheiligung durch Askese sollte zum Predigtamt, dem Hauptanliegen Norberts, befähigen. Der Orden nahm in seine Reihen, wie üblich, nur Adlige auf; Norbert war ein gebürtiger Graf von Gennep. Bald behauptete Prémontré nächst Cîteaux – beide hat man übertreibend als Schwestergründungen bezeichnet – eine dominierende Stellung. Die Predigt- und Seelsorgeorientierung des Ordens, im mönchischen Bereich etwas Neues, richtete sich in den Kämpfen um 1200 zusehends auf das Feld der Kreuz- und Ketzerpredigt. Was dies über den sozialen Rang der damit betrauten Praemonstratenseräbte und -pröpste aussagt, haben wir gesehen. Mit einem Wort: In den Praemonstratenserklöstern herrschte noch der Geist des sogenannten »bernhardinischen Zeitalters«, in dem adlig-ständisches Bewußtsein und mystisch vertiefte Frömmigkeit in selbstverständlicher Verbindung standen. Wenn also Konrad einem solchen

Orden nahestand – und sein Leben spiegelt in der Tat Praemonstratenserge-wohnheiten mit ur-norbertinischer Verschärfung der Askese wider – dann stand die Gemeinschaft mit einer Elisabeth, wie wir sie antrafen, unter geteil-ten Vorzeichen. ˙ Wohl gab es Berührungspunkte. In dem Brief an den Papst brauchte Konrad nicht nur zu harmonisieren. Häufig wird hier die Askese, der Konrad mit Lei-denschaft anhing, herangezogen. Sie stand aber doch hier wie dort in einem anderen Sinnzusammenhang. In die Religiosität des Franziskus wirkte seine Abneigung gegen die feudalprivilegierte Welt, die ihn umgab, hinein. Er sagte dem Selbstruhm und jeder aristokratischen Exklusivität ab. Und insofern auch Elisabeth so dachte, stand sie nur sehr bedingt bei Konrad von Marburg. Dessen religiöse Denkformen gingen mit anderen gesellschaftlichen Konse-quenzen einher. Dies ist der Punkt, von dem aus Konflikte möglich wurden. In den Welthändeln stand Konrad Elisabeth bei. Ihrer vita religiosa aber trat er dann entgegen, wenn das Unstandesgemäße ihres Ideals seinen strengen Ordnungsvorstellungen zuwiderlief. Sooft sie in »überspannter« franziskus-ähnlicher Haltung zu »kurzsichtiger, immer wieder Konrads ermüdenden Einspruch herausfordernder Maßlosigkeit in der Kranken- und Armenpfle-ge« (Wenck) übertrat, mußten die latenten Spannungen umschlagen in Aus-einandersetzungen. Dies sollte im weiteren Fortgang an entscheidenden Punkten geschehen.

Zunächst aber entstanden Streitigkeiten mit der ludowingischen Sippe. Kon-rad griff hier vermittelnd ein. Der Tod Ludwigs IV. hatte für Elisabeth eine Lage geschaffen, die noch prekärer war als die nach dem Tode Hermanns I. Zwar nicht juristisch: als Landgräfinwitwe und Mutter des Nachfolgers Her-manns II. stand ihr nun ihr Wittum zu Nießbrauch offen. Doch aber faktisch: Die nächsten Ereignisse setzten die Zeichen auf Sturm, man konnte sie als den Scheitelpunkt des *Dramas* Elisabeth bezeichnen: Es geht um den Wit-tumsstreit bzw. die sogenannte Vertreibung. Auf Moritz von Schwinds mei-sterhaft komponiertem Fresko rücken die Feldwände bedrohlich gegen die Flüchtige vor, die ihre Kinder vergeblich unter dem Mantel zu bergen sucht. In Franz Liszts Oratorium gewinnt das c-moll-Leitmotiv der tückischen Sophie die Oberhand, welcher Otto Roquette hämische Machtgier in den Mund legte.

Auch dem historischen Vorgang mangelt Dramatik nicht, nur spielten Rache und Bosheit eine geringere Rolle als recht klar bestimmbare Interessen.

Das fränkische Wittumsrecht, das für die Überzahl hochadliger Ehen des Mittelalters galt, sah schon während stehender Ehe die Möglichkeit vor, daß die Frau die Erträge des Wittums genoß. Dieses Nutzungsrecht konnte, das Einverständnis des Mannes vorausgesetzt, zu einer relativ freien Verfügung anwachsen, zu einer selbständigen Verwaltung. Dabei befand sich aber das Wittum noch immer nur in *Nutz*teilung zu der hereditas (Familiengut). Zwecks lebenslanger Versorgung der Witwe gehörte es ihr als besonders »ab-geschichteter« Teil. Ein volles, auch im Erbgang verfügbares Eigentumsrecht trat erst durch die *Tat*teilung, die Herauslösung aus der hereditas ein. Dies war vorauszuschicken, um das folgende zu verstehen.

Aus den Quellen sind zwei Lesearten abzuwägen. Während Isentrud laut »Libellus« aussagte: »ejecta fuit de castro et de omnibus possessionibus dotalicii sui – sie ist aus der Burg und allen Besitzungen ihres Wittums hinausgeworfen worden!«, formulierte der »Libellus«-Schreiber die Aussage Irmingards, die den Vorgang nur vom Hörensagen gekannt hat, da sie erst in Marburg durch Konrad in die Umgebung Elisabeths kam, wie folgt: »elegit abjecta esse – sie zog es vor, hinausgedrängt zu werden«. Gründe deutet nur Irmingard an: Elisabeth war von Heinrich Raspe, nunmehr Regent der Landgrafschaft, lediglich Unterhalt (sustentatio) aus der landgräflichen Küche angeboten worden, ohne daß sie Zugang zu ihrem in und um Marburg gelegenen Wittum fand. Hat aber dies die schließliche Zuspitzung herbeigeführt? Das Fehlen eines überzeugenden Motivs hatte die ältere Forschung dazu geführt, überhaupt gegen eine Vertreibung die gewichtigsten Bedenken zu erheben. Wenck wollte mit Verweis auf die Differenz der Aussagen Irmingards und Isentruds nur eine Verdrängung aus dem Wittum und daraufhin eine freiwillige Entfernung Elisabeths, nicht aber den förmlichen »Hinauswurf« gelten lassen, für den hingegen Albert Huyskens plädierte: »Die besten und ältesten Quellen sagen aus, daß die Landgräfin von Verwandten ihres Gatten vertrieben worden sei«. Die jüngere katholische Literatur neigt dazu, einen durch Gewissenszwang herbeigeführten Weggang, eher eine Flucht als eine Vertreibung, anzunehmen. Doch führt die Diskussion um die Form des Weggangs nicht zum Kernpunkt. Schon Ernst Heymann sprach es aus: Der eigentliche Streitpunkt wird in den Quellen nicht genannt. Heymann ging davon aus, daß Elisabeth in einer Weise über das Wittum verfügen wollte, die der landgräflichen Sippe als Tatteilung erschien. Eine solche Entfremdung von allodialem Hausgut, das doch nach wie vor das Rückgrat der ludowingischen Kraft und Macht bildete, schien Heinrich Raspe IV. durch den Zweck gegeben, den Elisabeth mit ihrem Wittum verfolgte: Zwanglos kann man annehmen, daß Elisabeth den Plan, in Marburg eine religiöse Spitalgemeinschaft nach Art der Beginen aufzubauen und dafür das Wittum und seine Einkünfte zu verwenden, schon 1227 gefaßt hat. Als sie an seine Verwirklichung ging, trat ihr der neue Landgraf-Regent, dem die vertrackte Schwägerin spätestens seit dem Sommer 1226 ohne »mâze« erschien, in den Weg. Ist die ältere und jüngere Elisabethbiographik meist dabei stehengeblieben, daß die Unterhaltsbeschränkung Elisabeth in Kollision mit dem scheinbar fortbestehenden Speisenverbot brachte, so hat die nüchterne Deutung des Rechtshistorikers ein tragfähiges Motiv aufgefunden. In den Augen Raspes entzog Elisabeths Umgang mit ihrem Wittum Marburg der ludowingischen Territorialpolitik in Hessen, die sehr bald eine Neubelebung erfahren sollte, eine wichtige Position. Daß eine solche Deutung nicht aus der Luft gegriffen ist, zeigt die baldige Übertragung des Wittums an den Johanniterorden, die Elisabeth nach der Schlichtung des Wittumsstreites vornahm, ganz als sei ihr Marburg in Tatteilung zugesprochen worden. Ähnliches voraussehend, hat Raspe die Abschichtung verweigert, die Elisabeth rechtens zugestanden hätte. Die Frage, ob »Hinauswurf« oder »freiwillige« Entfernung, erweist sich als sekundär.
Jedenfalls verließ Elisabeth eines Nachts zur Fastenzeit 1228 die Wartburg.

Es ist bezeichnend, wohin sie sich in dieser Grenzsituation wendete: nicht in das zisterziensische Katharinenkloster, in dem Sophie saß, sondern in die Eisenacher Franziskanerniederlassung. Nirgendwo anders dürfte sie vorerst Verständnis erwartet und gefunden haben. Sie bat die Bettelmönche, ein Te Deum anzustimmen, ein Lobgebet. Und während der junge Wenck ihren Zustand verständnislos als »halbirre« beschrieb, gewinnt man aus den Quellen den Eindruck einer psychischen Erschöpfung, die schließlich zu einer Christus-Vision führte. Zu Karfreitag sehen wir Elisabeth abermals in dem Eisenacher Franziskanerkirchlein. Sie legt dort, die Hände auf dem Altar, das Gelübde ab, ihr weiteres Leben als religiosa zu leben und einen Verzicht zu leisten auf »Eltern, Kinder und den eigenen Willen, auf allen Glanz der Welt und alles, was der Erlöser im Evangelium zu verlassen rät«. (Konrads Brief) Ort und Art des Vorgangs kennzeichnen das Selbstverständnis, das die junge Landgräfin unter den Erschütterungen der letzten Monate gefunden hatte und nun besiegeln wollte. An diesem Punkt greift Konrad von Marburg wieder in die Geschichte ein. Wenige Tage vor Karfreitag ist er in Eisenach eingetroffen, nachdem die große Politik den Kreuzlegaten lange von Thüringen ferngehalten zu haben scheint. Nach dem Brief Konrads hatte ihm Papst Gregor IX. zum defensor Elisabeths bestellt, urkundlich bestätigt findet sich eine defensio des Papstes erst nach Jahresfrist.

Der Magister und Elisabeth hatten eine Zusammenkunft, die in Unfrieden endete, denn Elisabeth schloß sie mit den Worten: »Dann werde ich tun, was Ihr mir nicht verbieten könnt!« Das Gespräch hatte sich um die Frage gedreht, für welche Art vita religiosa Elisabeth sich entscheiden sollte. Daß Konrad diese Frage *ihr* in den Mund legt, kontrastiert aufs Schärfste damit, daß sie zweimal eine klare Meinung äußert: in diesem Gespräch, und dann im Mai des Jahres 1228 vor der versammelten ludowingischen Sippe: Hier wie dort erklärt Elisabeth, in Bettelarmut leben zu wollen!

Wenck, der den Zeithintergrund dieser Losung vernachlässigte, sieht hier nur eine überspannte verrannte »asketische Himmelsstürmerei«. Die »mildtätige Fürstin« ist das freilich nicht mehr, die so spricht. Die latenten Spannungen traten erstmals in das Stadium der Auseinandersetzung. Konrad entschloß sich, korrigierend in das Geschehen einzugreifen und Elisabeth den Verzicht auf ihren Besitz zu verbieten. Das Fazit über Konrads Eingriff kann nur heißen, daß Elisabeth gegen ihre erklärte Absicht erst einmal davon Abstand nehmen mußte, ihre eigene vita religiosa zu verwirklichen, die in ihrer Rigorosität und Härte auf einen uns schon bekannten Einfluß verweist. Freilich kommt ein organisatorischer Anschluß an die minoritischen Gliederungen außer Betracht. Elisabeth ging es um die Bekundung franziskusähnlichen Geistes, über die konkrete Gestalt ihrer religiösen Pläne hatte sie andere Vorstellungen.

Die päpstliche defensio gebot Konrad von Marburg, Verhandlungen mit der ludowingischen Sippe zu beginnen. Elisabeth galt vor der Welt noch immer als die Witwe eines Reichsfürsten. Sie war kein hilflos frierendes Wesen im Winter, wie der legendenfreudige Montalembert erschüttert glaubte, sondern stand unter dem Schutz des Oberhaupts der Kirche und konnte sich zu-

zudem in die Obhut der mächtigen Verwandtschaft ihrer Mutter begeben. So finden wir sie bei der Äbtissin von Kitzingen und, fürstlich geehrt, beim Bischof Ekbert von Bamberg. Den heimkehrenden Kreuzfahrern nahm Ekbert das Versprechen ab, für die Herausgabe des Wittums einzutreten. Weltliche Pläne wurden in Bamberg angesponnen; Ekbert dachte daran, Elisabeth erneut zu vermählen. Man hörte davon, daß Kaiser Friedrich II. eine Heirat mit der Ungarin erwogen hätte – was für ein erstaunliches Paar wären sie geworden! Nichts von all dem kam noch in Betracht. In Reinhardsbrunn fand die Grablegung der heimgeführten Gebeine Ludwigs IV. statt, im Beisein sowohl Heinrich Raspes als auch Sophies und Elisabeths. Pietätvoll einigten sich Raspe und Konrad von Marburg über das Wittum. Es wurde auf ein Grundstück verkleinert, auf dem später das Hospital entstand, und es wurde nicht zu vollem Eigentum, sondern zu Nießbrauch übertragen. Von den 4 000 Mark Silber, die seinerzeit in Ravenna der Landgrafschaft zugesagt worden waren, gingen 2 000 an die Witwe Ludwigs. Gleich am ersten Tag bekundete Elisabeth eine Mißachtung des Geldes, die Cîteaux und Cluny, den älteren monastischen Reformrichtungen fremd geworden war: Nach dem Libellus soll ein Viertel der enormen Summe an Bedürftige weggeschenkt worden sein. Die konkreten Begleitumstände, die mitgeteilten Einzelheiten über das wiederum sehr methodische und gerechte Vorgehen Elisabeths – so schritt sie gegen solche ein, die betrügerisch zum zweiten Mal ihren Teil entgegennehmen wollten, bevor andere etwas bekommen hatten – sprechen dagegen, daß es sich einfach um eine hagiographische Übertreibung handelt. Die spätere Übertragung des Hospitalgrundstücks an die Johanniter ist zudem nicht nur als Seitenhieb gegen die Ludowinger zu verstehen, bei dem »die Dummheit Ratgeber gewesen« sei, wie diese voller Grimm erklärten, als sie 1232 das Geschäft mit Macht rückgängig zu machen versuchten. Das war, wie die Mißachtung des Geldes, franziskanische Art. Diesem Geiste entsprach es auch, selbst das Haus, in dem man lebte, nicht zu eigen zu haben, sondern es »wie eine Leihgabe« zu betrachten, »so wie wir auch im Leben nur Gäste sind«. Die Verwaltung zog ohnehin Konrad in sein defensor-Amt, das erst mit dem Leben Elisabeths am 17. November 1231 erlosch.

Wir haben uns weit aus dem Umkreis herausbegeben, den der Titel dieser Schrift umschreibt. Dies ist nicht zu vermeiden. Marburg, die letzte Lebensstation Elisabeths, wurde zum eigentlichen Schauplatz der programmatischen Auseinandersetzung zwischen dem »bernhardinisch-norbertinischen« Konrad von Marburg und der noch im Alten wurzelnden, sich aber schon franziskanisch-beginischem Einfluß zuneigenden einstigen Landgräfin. Wir müssen noch einmal zur Karfreitagsszene zurückkehren. Was war geschehen?

Konrad betonte, daß Elisabeth ihren Eid nicht in die Hand eines der Anwesenden leistete, sondern durch Handauflegung auf dem Altar. »Rechtlich gesehen war dies eine völlige Anomalie«, schrieb Maurer. »Nach den kirchlichen Gesetzen kann man Gott völligen Gehorsam nur so leisten, daß man einem Menschen als Gottes Stellvertreter über sich anerkennt.« Nach Maurer habe Konrads Schreibart »die Situation den Franziskanerbrüdern gegenüber

Tafel 21 Blick auf die Wartburg von Osten

Tafel 22 Landgräfin Sophie und Landgraf Hermann von Thüringen, Miniatur im Landgrafenpsalter, um 1211/13

Tafel 23 Sog. Heinrich-Raspe-Figur, Eichenholz, Ende des 13. Jh., Eisenach, Thüringer Museum

Tafel 24 Die hl. Elisabeth speist einen Hungrigen, Gemälde des Meisters Theoderich von Prag, Öl auf Holz, um 1360.. Prag, Nationalgalerie

Tafel 25 Bergkristallgefäß mit Reliquien der hl. Elisabeth. Niedersachsen (?), 14. Jh. (?), Halberstadt, Ev. Stadt- und Domgemeinde

Tafel 26 Heilige Elisabeth, Glasmalerei, zwischen 1235 und 1245., Neukloster, Klosterkirche

Tafel 27 Wandteppich mit Szenen aus dem Leben der hl. Elisabeth, gewirkt, Basel (?), um 1475., Eisenach, Wartburg-Stiftung

72

Tafel 28   Die hl. Elisabeth zwischen den Aposteln Jacobus d.Ä. und Philippus d.J., Gemälde von Barthel Bruyn d.Ä., 2. Viertel des 16. Jh., Eisenach, Wartburg-Stiftung

Tafel 29   Büste der hl. Elisabeth, Terrakotta, um 1500, Eisenach, Wartburg-Stiftung

73

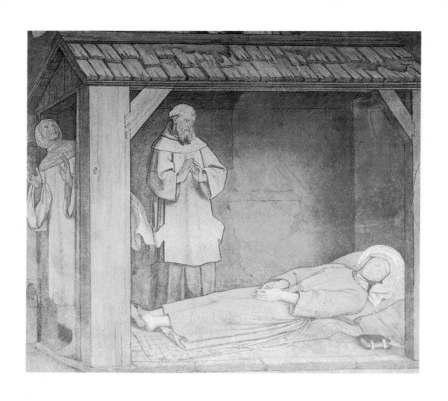

Tafel 30   Der Tod Elisabeths in Marburg, Fresko von Moritz von Schwind
in der Elisabethgalerie der Wartburg, 1855

Tafel 31 Elisabethkemenate im Palas der Wartburg, Glasmosaiken zu Leben
und Legende der hl. Elisabeth nach Entwürfen von August Oetken, 1902-1906

Tafel 32 Elisabethplan unterhalb der Wartburg, ehemaliger Standort des von der Landgräfin Elisabeth 1226 gegründeten Hospitals

Bild 9 Heiligsprechungsurkunde Papst Gregors IX. für Elisabeth, Perugia, 1. Juni 1235

deutlich abgrenzen« sollen, niemandem anders als Konrad könne das im Eid enthaltene Gehorsamsgelübde gegolten haben. Diese These steht auf nicht sehr festen Füßen. Eine»Abgrenzung« gegen die Franziskaner war von vornherein gegenstandslos, die Bettelmönche konnten in jedem Fall nur Bußprediger, nicht Gehorsamsempfänger sein. Warum also wurde der Eid nicht, wie 1226, in die Hand Konrads geleistet? Aus dem gleichen Grund, aus dem Elisabeth in jener Winternacht nicht ins Katharinenkloster, sondern in die Franziskanerniederlassung gegangen war! Die Karfreitagsszene ist nicht Fortführung von etwas Gewohntem. Die Hand auf dem Altar der Minoritenkirche bedeutete den Anfang einer ganz neuartigen Bahn. Elisabeth will nicht in das Kloster eines der alten Orden gehen, will nicht, bei allem, was Bernhard von Clairvaux ihr an Erbauung geben konnte, in die aktionslose Kontemplation, in eine wohlversorgte Abgeschlossenheit, in eine exklusive Versorgungsanstalt für Edelbürtige.

Wenn Maurer bemerkte, daß Elisabeth nun religiosa war,»ohne einer öffentlich anerkannten klösterlichen Gemeinschaft anzugehören«, dann kommt dies dem Kern des Vorgangs sehr nahe. Die Gemeinschaft, die ihr noch fehlte, wollte sie erst gründen. Und die sollte von neuer Art sein. Ihre Umstrittenheit sah Elisabeth voraus, und so unterstellte sie sie mit der besonderen Form ihres Gelübdes unmittelbar dem Papst in Rom. Am 19. April 1229, ein Jahr später, verlieh Papst Gregor IX. der Stiftung seinen Schutz und einen Ablaß. Hierzu passen die Missionen, mit denen Elisabeth ihren engsten Vertrauten und procurator Heinrich von Weibach nach Rom sandte. Ihr Anlaß ist Irmingard unbekannt, es ging um Geschäfte. Um welche?

In diesen Rahmen ist Konrad von Marburg hineingestellt. Ihm wurde die Wahrnehmung der päpstlichen defensio aufgetragen, die nun der Stiftung, wie vordem der Person Elisabeths galt. Allein kraft dessen konnte Konrad Weisungen aussprechen, nicht aber als geistlicher Vormund der Gründung. Eine solche Stellung war ihm als Praemonstratenser durch 1198 päpstlich bestätigte Beschlüsse seines Ordens sogar verboten. Konrads Streben war es erst noch, mit geistlichem Einspruch die Prägung der Stiftung zu verändern, für die wir hier die Behauptung wagen möchten, daß sie aus franziskanisch-beginischem Geist erfolgte.

Auf ihre Weise wendete Elisabeth sich jenen mulieres religiosae zu, die in Italien als»Minorissen«, in Flandern, Holland und am Niederrhein als Beginen seit dem frühen 13. Jahrhundert in den Quellen erschienen – von Jakob von Vitry und anderen aufgeschlossenen Klerikern als»neue Hoffnung der Kirche« begrüßt, von anderen ebenso wie die Franziskaner als eifernde Heuchler, als potentielle Häretiker verdächtigt. Sichtbar wurde ihr Streben, sich abseits der monastischen Ordnungen, von diesen verschmäht und abgestoßen, ein gemeinsames, der Armut und Religionsübung, der Enthaltsamkeit und Handarbeit verpflichtetes Leben aufzubauen. Daß diese neue religiös-so-

Bild 10 Skizze zum Rosenwunder-Fresko in der Elisabethgalerie, Bleistift/ Federzeichnung von Moritz von Schwind, um 1854. Eisenach, Wartburg-Stiftung

ziale Organisationsform, die den praktischen Dienst in der Welt mit Kontemplation und Askese verknüpfte, in den apostolischen Laienbewegungen des 12. Jahrhunderts wurzelte, daran besteht kein Zweifel; und ebensowenig an ihrer Aktivierung durch die neuen Bannerträger der Armutslosung, voran der Poverello. Die Beginen dürfen in gerader Linie als Nachfolgerinnen der Robert von Arbrissel und anderen Wanderaposteln in unverhältnismäßig großer Zahl folgenden Frauen bezeichnet werden, die nach einem Leben in sozialer Unmündigkeit und fragwürdigen Versorgtseins eine Gemeinschaft gesucht hatten, die ihnen mehr Selbstverwirklichung gestattete. Jacob von Vitry, Seelsorger der »ersten Begine« Maria von Oignies, hatte 1216 in Rom dieser Frauenbewegung die kirchliche Duldung erwirkt. Nicht das geringfügigste Kennzeichen beginischer »samenungen« war die ständisch gemischte Zusammensetzung. Hier fanden alle Frauen zusammen, die kein standesgemäßes Stiftungsgeschenk einbringen konnten, um in ein Kloster aufgenommen zu werden, oder denen die dortige Geringschätzung der »Frau Armut« verhaßt war. Ihre Dürftigkeit verwies die Beginenhäuser darauf, von ihrer Hände Arbeit zu bestehen. Für deutsche »samenungen« gehörte Kranken- und Armenpflege zu den häufigeren Tätigkeitszweigen.

Wenden wir uns nun der Marburger Spitalgenossenschaft zu. Ein Programm enthält schon der Name, den Elisabeth ihrer Gründung gab: »Hospital des Heiligen Franziskus«. Es handelt sich um das früheste in Deutschland nachweisbare Franziskuspatrozinium! Über das innere Leben der Spitalgemeinschaft bringt der »Libellus« folgende Fakten: Es findet eine Einkleidung statt, die Quelle spricht von »gottgeweihten Mägden im grauen Gewand«; es fehlt die strenge, spezifisch klösterliche Klausur, dreimal wird von längeren Abwesenheiten Elisabeths berichtet; in den Wunderberichten fallen die Namen weiterer im Spital tätiger Frauen, sie sind von geringer Herkunft, nicht von Adel – gleichwohl hält Elisabeth mit ihnen allen volle Tischgemeinschaft. Die höfische Anrede wird durch das geschwisterliche Du ersetzt. Irmingard rühmt sich gar, auf dem Schoß der einstigen Landgräfin gesessen zu haben; nicht nur Krankenpflege wurde im Spital betrieben, sondern auch Handarbeit für den Unterhalt; so kam aus dem Praemonstratenserinnenstift Altenberg wiederholt Wolle, die in Marburg gegen geringen Lohn versponnen wurde. Elisabeth hat wie die anderen mitgearbeitet. Die Quellen berichten davon: Als ein ungarischer Gesandter auf die Nachricht vom Wittumsstreit nach Marburg kam, fand er sie Wolle spinnend. Seine Reaktion war standesgemäße Entrüstung. Dietrich von Apolda empfand das Bild gleichfalls als peinlich und ließ Elisabeths dürftiges Gewand wunderbarerweise die Farbe der Hyazinthe annehmen. Die Stellung, die Elisabeth einnahm, war die einer Vorsteherin, jedoch was für einer! Natürlich führte sie die Insassen des Hauses auch geistlich, bestimmte sie, die Sakramente zu nehmen. Aber sie tat weit mehr als dies, und mehr als üblich. »Denn während die Magd das Gemüse bereitete, wusch die Herrin die Schüsseln und umgekehrt. Unter anderem nahm sie einen gelähmten Knaben, der weder Vater noch Mutter hatte und an beständigem Blutfluß litt, zu sich; ihn bettete sie nachts, um sich zu kasteien, auf ihr Lager und litt um seinetwillen viel Pein, denn bisweilen mußte

sie ihn nachts sechsmal, bisweilen noch öfter, auf ihren Armen zur Verrichtung der natürlichen Bedürfnisse tragen; seine Tücher, die, wie es bei solchen Kranken zu geschehen pflegte, befleckt waren, wusch sie selbst. Als der Knabe gestorben war, nahm sie ohne mein Vorwissen ein aussätziges Mädchen in Pflege und verbarg es in ihrem Haus. Ihm leistete sie in dem Grade jeden menschlichen Dienst, daß sie sich nicht nur demütigte, ihm Speise zu reichen und es zu betten, zu waschen, sondern ihm auch die Schuhe zu lösen...«
(Konrads Bericht)

Was den schnell geweckten Vorwurf hagiographischer Übertreibung wiederum schwer macht, ist die Konkretheit der Angaben. Denn auch bei einiger Skepsis bleibt dies unleugbar: In diesem Maß dürfte sich eine zeitgenössische Äbtissin, die einem von adligen Damen bevölkerten Kloster vorstand, schwerlich in caritas geübt haben. In Marburg war etwas anderes, noch Ungewöhnliches entstanden: eine Spitalgenossenschaft mit Zügen eines Beginenhauses. Das Ungewöhnlichste an ihm war seine Stiftung durch eine Hochadlige, für die derzeit ganz andere Formen religiösen Lebens als standesgemäß galten. Und wenn es noch eines weiteren Beweises zur Stützung der von uns gewagten These bedarf – wir bekommen ihn aus dem Munde Elisabeths selbst, als Bekenntnis zum Leben der sorores in seculo, der »Schwestern in der Welt«, der Beginen. Irmingard hielt den betreffenden Satz ihrer Vorsteherin fest:»Das Leben der sorores in seculo ist das armseligste. Wenn es ein armseligeres gäbe – ich hätte es gewählt.«

Wie stand Konrad von Marburg zum Spitalplan Elisabeths? Allem Anschein nach zunächst skeptisch. Der Brief Konrads läßt vermuten, daß der defensor nach dem Karfreitag 1228 und nach der im Mai in Reinhardsbrunn erreichten Abschichtung des Wittums erst einmal seine Pflicht erfüllt glaubte. Er hatte den Besitzverzicht Elisabeths vereitelt, soweit reichte sein auf die weltlichen Dinge gerichtetes Amt, und konnte hoffen, ihr religiöses Drängen klösterlich korrigiert zu haben. Darüber Vorschriften zu machen, war ihm nicht gestattet.

Gegen seinen Willen folgte Elisabeth ihm nun nach Marburg, in Konrads Brief hieß es:»me licet invitum secuta est... – unwillig erlaubte ich ihr, (nach Marburg) zu folgen«. Warum unwillig? Das ganze Projekt paßte ihm nicht, der vielerorts beschäftigte Kreuzprediger sah zu Recht Ärgernisse voraus.

Elisabeth schlug denn auch seitens des hessischen Adels und der landgräflichen Amtsträger eine offen feindselige Stimmung entgegen. Sie und ihr kleines Gefolge mußten ins benachbarte Dorf Wehrda ausweichen. Konrad hat offenbar hier dann erfolgreich vermittelt. In Fachwerk wurde im Sommer 1228 das Hospital aufgebaut. Doch erst zum Jahresende erfolgte die Einkleidung der sorores religiosae. Zuvor entfernte Konrad Guda und Isentrud, wohl mit Zustimmung Elisabeths, aus deren Umkreis und ersetzte sie, »damit... ihre Demut vermehrt und ... ihre Geduld geübt würde«, durch zwei unfreundliche, ihm gefügige Geschöpfe: die adlige Witwe Hedwig von Seebach und eine sonst nicht weiter bestimmte Jungfrau. Jetzt traten auch Irmingard und die Magd Elisabeth in die neuformierte familia ein. Wenn Maurer recht hat, daß Konrad mit Schritten wie diesem »langsam den Übergang zu einer klösterlichen Gemeinschaft herbeiführen« wollte, dann bedeutet dies wohl, daß er über sein defensor-Amt hinaus die bisherige Eigenprägung der jungen Gemeinschaft schrittweise aufzuheben, sie klösterlich zu organisieren und Elisabeth von dem begonnenen Weg abzubringen versuchte.

In diesem Zusammenhang gehört auch die Altenberger Episode: Konrad weilt zu Besuch bei dem Prior des Praemonstratenserinnenstiftes Altenberg, in dem nach dem Karfreitagsgelübde Elisabeths jüngstes Kind Gertrud aufgezogen wird. Dorthin bestellt Konrad die Marburger Vorsteherin zur Aussprache. Die Stiftsdamen bitten Elisabeth, man kennt sich sicherlich gut, in die Klausur. Konrad verbietet es nicht. Aber der Eintritt in die Fremden nicht zugängliche Klausur eines Praemonstratenserinnenstiftes ist ein schwerwiegender Schritt, er setzt bei einer entsprechenden Erklärung des Eintredenden alle seine vorher eingegangenen Verpflichtungen und Bindungen außer Kraft. Elisabeth folgt der Einladung. Aber sie gibt jene Erklärung nicht und verläßt die Klausur wieder, d.h. sie hat sie verletzt. Als sie ins Freie tritt, läßt Konrad sie und Irmingard, die die Tür zur Klausur geöffnet hat, schwer züchtigen, wobei er selbst das Miserere singt. (In dem Brief an den Papst verschweigt Konrad den Vorgang!)

Wie soll man den Vorgang, sofern Elisabeth jene strengen Klausurvorschriften nicht gekannt hat, anders deuten denn als Versuch, sie mit List auf den Weg ins Kloster zu bringen, das Marburger »Experiment« aufzugeben? Aber auch wenn sie jene Vorschriften gekannt hat, und hierfür spricht etwas, ändert sich an der Beurteilung der Nonnen und Konrads wenig. Seine Schläge bleiben so oder so Zeichen einer zornigen Enttäuschung über das Fehlschlagen des Versuches, Elisabeth an ein Kloster des eigenen Ordens zu binden. Nur zeigte sich Elisabeth dann im Lichte einer zeitweisen Unsicherheit über ihren Weg: Wenn sie die Klausur im Wissen um die damit verbundenen Konsequenzen betrat, hat sie das Ende des Marburger Spitals erwogen. Bald aber, und dies bleibt dann um so deutlicher, hat sie sich zu ihrer Schöpfung bekannt.

Nach dem Altenberger Ereignis fällt es schwer, die weiteren Züchtigungen, zu denen Konrad von Marburg bei geringen Anlässen schritt, nur als Mittel der religiösen »Vervollkommnung« anzusehen. Dies mögen sie subjektiv gewesen sein und so mag Elisabeth sie auch – und drin in der Tat eher »bernhardinisch« als franziskanisch – empfunden und akzeptiert haben. In ihrem Kern sind sie durch die recht irdische Absicht Konrads bestimmt, Elisabeth und ihre neuartige Gemeinschaft seinen mönchischen Vorstellungen gemäß zu disziplinieren und gegen alles, was ihn befremdete, vorzugehen.

In zwei Richtungen sind Konrads Einwirkungen auf Elisabeth in Marburg einzuordnen: Er schraubt ihre auf die caritas gerichteten Bestrebungen zurück und feuert sie in allem an, was der Kasteiung dienlich. Hierin fühlte sie sich angesprochen, hatte doch auch Franziskus seinen Körper als »Bruder Esel« nicht sehr gut behandelt und ihm die natürlichen Triebe mit Askese vergolten. In der Übung der caritas gehorchte Elisabeth sicherlich wider Willen, hier ging es um den weltlichen Beistand des Spitals, der defensor konnte ihr darin gebieten. So machte er ihrer Freigebigkeit ein Ende, gestattete nur noch, einen Denar pro Kopf zu verschenken, oder ein Brot, und dann nur noch

Teile eines Brotes. Auch in der Krankenpflege, deren rückhaltlose Hingabe kaum anders als aus dem Geist des Franziskus verständlich wird, dämmt Konrad ein. Er berichtet selbst ein Beispiel, wir hörten schon von dem aussätzigen Mädchen, das Elisabeth im Verborgenen pflegte:»Als ich dies dennoch erfuhr, da habe ich sie – Gott verzeihe es mir – aufs Härteste gezüchtigt, weil ich fürchtete, daß sie angesteckt würde. Als ich dann die Aussätzige weggebracht hatte und zur Kreuzpredigt in die Ferne gezogen war, nahm sie einen armen, ganz und gar an Krätze kranken Knaben auf, der kein Haar auf dem Kopfe hatte, um ihn zu heilen. Sie besorgte seine Pflege mit Waschungen und Arzneimitteln – von wem sie das lernte, weiß ich nicht – und dieser Knabe saß, als sie starb, an ihrem Bett.«

Zieht man einmal jene Episode aus dem Leben des Franziskus heran, der an einer Wegbiegung unversehens vor einem Aussätzigen und damit vor der Frage stand, ob er, von Ekel geschüttelt, weggehen oder helfen solle? – dann erkennt man, wo Konrad und wo Elisabeth standen: Sie hatte sich wie Franz für die Hilfe, die Solidarität mit den Elendesten entschieden. Konrad schreckte vor der Unbedingtheit dieses Helfens zurück. Dies war eine gänzlich andere Haltung als die seiner Schutzbefohlenen.

Noch eine Aussage des»Libellus«zeigt Konrads Streben, das Leben in der Hospitalgemeinschaft klösterlich zu gliedern.»Wir können hinausgeworfen werden, weil wir mit Dir essen und an Deiner Seite sitzen«, sagten laut Irmingard die Schwestern zu ihrer hochadligen Vorsteherin. Dies heißt doch wohl, daß Konrad die Vertraulichkeit des Umgangs unter Strafe gestellt hatte. In Zisterzienserklöstern zum Beispiel lebten die Mönche und die Konversen in getrennter Gemeinschaft, wenn auch natürlich nicht ohne Umgang miteinander. Nach einem solchen Modell gedachte Konrad offenbar vorzugehen. Wie sich die Auseinandersetzungen um die Natur der Gemeinschaft zu Lebzeiten Elisabeths ausgewirkt haben, wird nicht ganz deutlich. Da wird im»Libellus« von der Übernahme der Seelsorge im Spital durch den Marburger Stadtpfarrer gesprochen. Die Papsturkunde vom 11. März 1231, die dem Spital den Schutz der Kurie erneut bestätigt, das Patronat über die Stadtkirche und die Erträgnisse eines Ablasses überschreibt, ist ausdrücklich an eine Bruderschaft des Franziskushospitals zu Marburg adressiert – somit stehen hier auch Männer neben Frauen im Dienst. In der Überlieferung ist von Franziskanern in der Umgebung Elisabeths die Rede. Huyskens las aus der Tatsache, daß die frühesten Elisabeth-Viten aus der Feder von Zisterziensermönchen stammten, ein gewachsenes Interesse dieses Ordens an dem Geschehen um die einstige Landgräfin. Unklar ist, was die Übertragung des Spitals an die Johanniter von Wiesenfeld für rechtliche Konsequenzen hatte.

Und nicht einmal die Farbe des Gewandes, das Elisabeth bei der Einkleidungszeremonie Ende 1228 überzog, hilft uns weiter. Sie wird in den Urquellen zwar als grau bezeichnet, aber nicht näher bestimmt. Doch ihren Regeln gemäß trugen sowohl die Franziskaner als auch deren Dritter Orden, sowohl die Zisterzienser als auch die meisten Beginen Kleidung aus ungefärbter »grauer« Wolle. So wurde der habitus griseus, den man auf den Glasfenstern der Marburger Elisabethkirche Konrad der»gottgeweihten Magd« überstreifen sieht, in der Elisabethliteratur zum auserwählten Zielpunkt des Rätselratens um Stand und Ordenszugehörigkeit der Marburger religiosa. Sollte diese Unklarheit nicht erklärbar werden aus dem Tatbestand von Auseinandersetzungen? Es galt als kein rühmlicher Weg in der feudalen Umwelt, als Landgräfinwitwe zur soror in seculo »hinabzusteigen«. Elisabeth ging diesen Weg mit einer Konsequenz ohne alle Rück- und Vorsicht, als gälte es, eine ganze schlechte Welt aus dem Feuer zu reißen. Den harten Forderungen dieses Weges, die Konrad zu seinem Zweck noch vermehrte, hielt der Körper nicht stand. Mit 24 Jahren starb Elisabeth.

Die kalkulierte Heiligsprechung

Obwohl die ludowingischen Schwäger Heinrich Raspe IV. und Konrad, jüngster Bruder Ludwigs IV. und seit August 1231 auf den Urkunden als Landgraf erscheinend, auf der uns bereits bekannten päpstlichen Urkunde vom März 1231 als Gönner des Hospitals bezeichnet wurden, nahm doch keiner von ihnen an der Beisetzung Elisabeths teil. Um so nachhaltiger sollte sich jene »Gönnerschaft« in der Folgezeit bemerkbar machen, der Gründung Elisabeths jedes eigene Gepräge nehmen und die tote Gründerin für die Zwecke des Landgrafenhauses vereinnahmen: Zu Lebzeiten die beargwöhnte Außenseiterin, sollte Elisabeth nun zur ersten Heiligen ausgerechnet des Deutschen Ritterordens stilisiert werden und helfen, die im territorialpolitischen Kampf mit Mainz bedrohte Position Marburg zu befestigen.

Zunächst aber kümmerten sich die Landgrafen um das Hospital nur insoweit, als sie die von Elisabeth ausgesprochene Übertragung an den Johanniterorden mit Verweis darauf rückgängig machten, daß das Wittum nur zu Nießbrauch ausgegeben gewesen sei. Am 2. August 1232 erklärten die Johanniter ihren Verzicht, ihn hatte Konrad von Marburg vermittelt.

Um diese Zeit hatte auf die Kunde von Wundertaten bereits eine Volkswallfahrt an das Grab Elisabeths eingesetzt. Daß Elisabeth unter den Armen und Kranken des Landes einen legendären Ruf genoß, können wir auch ohne Wunder voraussetzen. In dieser ersten Zeit sind die Landgrafen in dem von Konrad von Marburg initiierten Kanonisationsprozeß nicht engagiert. In der Verhörskommission, die am 11. August 1232 erstmals zusammentrat, um die Aussagen wundertätig Geheilter aufzunehmen und aus ihnen den von Papst Gregor IX. bereits angeforderten Wunderbericht zu formulieren, saß neben Konrad von Marburg Erzbischof Siegfried von Mainz! Interessant in diesem Zusammenhang, daß Konrad in diese Kommission vier Praemonstratenseräbte und -priore, zwei Zisterzienseräbte, zwei Weltgeistliche und nur einen Franziskaner, den Bruder Angelus, berufen hatte.

Die Kommission schien recht flüchtig gearbeitet zu haben, Gregor IX. lehnte die vorgelegte Beschreibung von 60 Wundern als unzureichend ab. Den Erzbischof drängte die Zeit, von ludowingischer Seite zogen Gewitterwolken herauf. Am 15. September 1232 äscherten landgräfliche Truppen die mainzische Stadt Fritzlar ein, plünderten dabei die Peterskirche und ermordeten wehrlose Einwohner. Nicht anders erging es der Feste Heiligenberg und der jungen mainzischen Stadtgründung Landberg. Der Erzbischof mußte die Kommission verlassen, die Kanonisation ruhte. Der Schlag gegen Fritzlar wurde mit äußerster Grausamkeit geführt. Sie zeigte, daß sich der mainzisch-ludowingische Gegensatz wieder einmal unerträglich verschärft hatte.

Als Heinrich Raspe IV. 1227 die Regentschaft übernommen hatte, ließ er die Eventuallehnschaft über die Mark Meißen, wo »die Lebenskraft Heinrichs der ludowingischen Erwartungen spottete«, ebenso auf sich beruhen wie vorerst Ludwigs IV. »Ostpolitik« insgesamt, und richtete sein Augenmerk auf Hessen. Der 1228 abgeschlossene Vertrag mit den Grafen von Battenberg-

Wittgenstein sollte die starke Stellung der Mainzer Kirche zwischen Eder und Lahn dadurch treffen, daß er die kleinen, aber noch relativ unabhängigen Battenberger als Lehnsmannen an die Ludowinger band. Dies wäre ein Schritt gewesen, den insularen landgräflichen Besitzkomplex Marburg-Biedenkopf-Wetter nach Westen abzusichern. Marburg war um die Zeit schon kein unbedeutender Ort mehr. Mit der Erstnennung der Marienkirche 1222 dürfte der planmäßige Ausbau der Burgstadt mindestens weit fortgeschritten gewesen sein, die Verselbständigung der Pfarrei 1227 bezeugt deren gestiegenen Wert. Seit 1140 ist Marburg Münzstätte, das Verbreitungsgebiet des Marburger Pfennigs hob sich gegen den Kölner und den Wetterauer Pfennig deutlich ab, seine Häufigkeit nahm seit 1230 stark zu. Auch in Oberhessen, um den zweiten ludowingischen Besitzkomplex Gudensberg-Maden-Melsungen, rückten die neuerrichteten festen Plätze aufeinander zu. Die Anlage der mainzischen Burg Heiligenberg setzte den Punkt aufs i. Den landgräflichen Ausfall beantwortete der Erzbischof an unvermutet anderer Stelle: Indem er vom Eichsfeld aus Witzenhausen besetzte, gefährdete er die Verbindung zwischen Hessen und Thüringen. Im militärischen Patt vermittelte Konrad von Marburg einen Vergleich, der die Auseinandersetzung lediglich vertagte. Noch im gleichen Jahr schlossen die Ludowinger mit den Grafen von Ziegenhain ein ähnliches Bündnis wie vier Jahre zuvor mit den Battenbergern ab, das zwischen dem Marburger und dem Gudensberger Komplex den ersten Pfeiler einer territorialen Brücke bedeuten konnte. Was war inzwischen aus Konrad von Marburg geworden? In der Zeit nach Elisabeths Tod erwarb sich der Magister jenen Ruf, der ihm bis heute anhaftet: der Ruf des »Ketzermeisters«, eines unbarmherzigen Hüters der feudalherrschaftlich orientierten Verbindung von Glauben und Gehorsam, von Kirche und »Ordnung«. Anfang der dreißiger Jahre trat die Ausbreitung von Ketzerlehren in ein neues Stadium. Da die Verhältnisse sich keineswegs »verchristlicht« hatten, vielmehr die Fortschritte der Ware-Geld-Wirtschaft neue individuelle Tragödien, Spannungen und Konflikte vor allem in den Städten produzierten, fanden häretische Gedanken nach wie vor einen günstigen Nährboden. Die kirchliche Repression nahm zu. Lag die geistliche Gerichtsbarkeit seit alters bei den Bischöfen, so begann Gregor IX. angesichts der steigenden häretischen Flut, daneben eine unmittelbar päpstliche Inquisition zu schaffen. Erste Anfänge davon bildeten solche Aufträge und Vollmachten, wie der Papst sie 1231 zum Beispiel dem einstigen, bewährten Kreuzlegaten Konrad von Marburg erteilte (später wurde dann der Dominikanerorden Träger der Inquisition). Wiederholt bestritt der Mainzer Erzbischof dem Ketzerrichter Konrad die Kompetenz. Doch davon unangefochten, durchzog dieser 1232/33 die Diözesen Mainz und Trier, Angst und Schrecken verbreitend. Die Bußstimmung des »Großen Halleluja«, als von Italien bis Deutschland eine ins Hysterische gesteigerte Endzeiterwartung die gläubigen Gemüter niederdrückte, war Konrads irrationalem Vorgehen günstig. Die Kölner Königschronik meldet darüber: »Denn sowohl wegen wirklicher als auch wegen angeblicher Häresie wurden zahlreiche Adlige und Nichtadlige, Kleriker, Mönche..., Bürger und Bauern von einem gewissen Konrad in verschiedenen

Orten Deutschlands – wenn es zu sagen erlaubt ist – allzu überstürzt zur To-
desstrafe durch Verbrennen verurteilt. Denn am selben Tage, an dem jemand
angeklagt wurde, gleich ob rechtens oder ungerechterweise, wurde er, ohne
die Möglichkeit zur Appellation oder Verteidigung nutzen zu können, verurteilt und den grausamen Flammen preisgegeben.« Auch ins landgräfliche
Land schienen »ungloube« und »irthum« vorgedrungen zu sein. Zumal Landgraf Konrad säumte nicht, dem Namensvetter und nunmehrigen Inquisitor
seinen weltlichen Arm zu leihen. Hinter dem Schloß von Marburg ließ er »etz-
liche« verbrennen, schrieb gut zweihundert Jahre später der hessische Chronist Wigand Gerstenberg, »auch alle die kettzerschulen in den landen die liss
... lantgrave Conrad verstoren unde zubrechin, unde insonderheyd das slos ...
genant Willandesdorff, dar dan die kettzerschulen uffe wören ...« In eben der
Zeit diente die Ketzerei dem Erzbischof von Bremen zum Vorwand, um gegen
die Stedinger Bauern, die sich der erzbischöflichen Feudalisierungspolitik er-
wehrten, ein »Kreuzfahrerheer« auf die Beine zu bringen.
Konrad von Marburg aber überschätzte die Tragweite seiner päpstlichen Vollmacht. Indem er rücksichtslos Angehörige adliger Familien auf den Scheiter-
haufen brachte, überreizte er sein Spiel. Am 30. Juli 1233 wurde er auf offener
Landstraße bei hellem Tage erschlagen.
Wenn von konservativer Seite davor gewarnt worden ist, die nachfolgenden
Ereignisse von »modernem Zweckmäßigkeitsdenken« aus zu beurteilen, und
einen Zusammenhang zwischen der 1234 erstmals vom Landgrafenhaus auf-
gegriffenen Heiligsprechung Elisabeths und der sonstigen ludowingischen
Politik als »nicht gesichert« bezeichnet wurde – dann können wir uns damit
begnügen, die Fakten sprechen zu lassen.
Der Neubeginn ludowingischer Offensivpolitik gegen den Mainzer Kontra-
henten datiert vom 18. Mai 1234. An diesem Tag schleiften landgräfliche
Truppen die Burg Velseck, die die Grafen von Gleichen vom Erzstift zu Lehen trugen. Dessen Positionen sollten diesmal wohl zuerst in Thüringen ange-
griffen werden. Die Grafen von Gleichen hatten bekanntlich die Vogtei über
Erfurt inne, die ihnen nur wenig verschlug: Zu mächtig regten sich die inneren Wachstumskräfte des Bürgertums, das daran ging, die Rechte der stadt-
herrlichen Amtsträger auszuhöhlen und abzukaufen. Nach der Ächtung des
Friedensbrechers Heinrich I. von Gleichen und der Hinrichtung von 23 seiner
Mannen setzten sich die Landgrafen selbst zu Vögten über Erfurt ein. Dies
war wohl nur als Faustpfand gemeint, immerhin entwanden sie dem Erbfeind
das Dorf Gottern mit seinen Einkünften.
Wichtiger als der Vorstoß gegen die Grafen von Gleichen wurde eine andere
ludowingische Aktivität des Jahres 1234. Im Juli treffen wir Landgraf Konrad
am päpstlichen Hof in Rieti. Dort weilten Kaiser Friedrich II. und Hermann
von Salza, um mit Gregor IX. über mancherlei politische Geschäfte zu ver-
handeln. Umworben sah sich vor allem der Deutsche Orden, dessen gescheiter
Hochmeister nach allen Seiten Fäden spann. So bekam der Orden am 3.
August 1234 das Land der Pruzzen vom Stuhl Petri endgültig als Lehen übertragen. Landgraf Konrad übertrug den Deutschherren das Marburger Spital
und kündigte seinen Eintritt in ihre Reihen an, ein Handel zu sichtbarem

gegenseitigen Vorteil. Mit der Mündigkeit Hermanns II., des Sohnes Ludwigs IV. und Elisabeths, wurde Konrad in der Regentschaft überzählig, eine Dreiteilung der Landgrafschaft kam nicht in Frage. Hermann bekam Thüringen, Heinrich Raspe Hessen. Sogar eine Wiederaufnahme der »Ostpolitik« Ludwigs IV. schien in Rechnung gestanden zu haben, die nun freilich nur mehr im Gewand des Hochmeisters des Deutschen Ordens betrieben werden konnte. 1239 starb Hermann von Salza, und wie sicherlich längst vorher vereinbart, wurde Konrad von Thüringen sein Nachfolger. (Daß er schon nach einem Jahr starb, durchkreuzte diese vage Rechnung endgültig.)

Umgekehrt gewann der Orden mit Eintritt eines Reichsfürsten weiter erheblich an Prestige. Mit der Übertragung Marburgs bekam der Orden eine Etappenstation mehr für seine süd- und süd-westdeutschen Ritter am Weg ins ferne Preußen, die Landgrafschaft gewann mit den waffentragenden Deutschherren eine Speerspitze mehr nahe dem Herzen der Mainzer Kirche.

Vollends unangreifbar und in weit höherem Maße lukrativ wurde der Platz aber erst, wenn ihm die Weihe eines Wallfahrtsortes zuteil wurde. Bei der unverminderten Popularität der toten Elisabeth waren die zu erwartenden Einkünfte nicht gering zu veranschlagen. Es blieb nicht aus, daß auch der nach Fritzlar und dem Tod Konrads von Marburg unterbrochene Kanonisationsprozeß auf die Tagesordnung von Rieti gesetzt wurde. Papst Gregor IX. wünschte die Erhebung Elisabeths in den Stand der Heiligkeit, weil ihm ein Erfolg gegen das Ketzertum wünschbar oder dringlich erschien: Was konnte, so mochte der Förderer und »Förderer« des Minoritenordens gemeint haben, gegen das Umsichgreifen von »ungloube« und »irthum« noch helfen, wenn nicht ein solches Beispiel?!

Unterdessen hatte Mainz noch vor Ende 1234 auf die ludowingischen Herausforderungen in der Territorialpolitik zu antworten gewußt. Mit den wankelmütigen Grafen von Battenberg kam ein Vertrag zustande, der den 1228 mit dem Landgrafen abgeschlossenen zum Teil aufhob, jedenfalls Marburgs westliche Flankensicherung durchlöcherte. In den Folgejahren gelang es dem Erzbistum nicht nur, die angebahnte Verbindung zwischen Gudensberg und Marburg mit dem Kauf der Grafschaft Ruchesloh zu durchkreuzen, sondern auch Marburg von drei Seiten mit Gebieten zu umschließen, die mindestens unter mainzischem Einfluß standen. Im späteren thüringischen Erbfolgekrieg, den 1247-62, nach Heinrich Raspes Tod, Sophie von Brabant als letzte Sprossin des ludowingischen Geschlechts gegen Markgraf Heinrich von Meißen führte, beteiligte sich Mainz mit dem Ziel, eine ebenbürtige Territorialmacht in Hessen überhaupt auszuschalten. Somit erweist sich die ludowingische Politik der dreißiger Jahre nicht von blankem Mutwillen verursacht, sondern von einer objektiven territorialpolitischen Lage, die im Wesen der Feudalherrschaft wurzelte.

Zurück zur Kanonisation. Der Untersuchungskommission, die diesmal sorgfältiger zu Werke ging, saßen Bischof Konrad von Hildesheim, der, nachdem die Ludowinger die Angelegenheit selbst betrieben, den Mainzer Erzbischof ablöste, sowie die Äbte von Hersfeld und Ebersbach vor. Das nach der päpstlichen Aufforderung vom 11. Oktober 1234 zustandekommende Verhörsprotokoll blieb nicht erhalten. Offenbar überarbeitete, aber der Urfassung nahestehende Teile von ihm lernten wir als »Libellus« ausgiebig kennen. Am 27. Mai 1235 erfolgte die Heiligsprechung, am 1. Mai 1236 die Erhebung der Gebeine Elisabeths aus dem Grab und ihre Umbettung in die neu errichtete Elisabethkirche, den ersten rein gotischen Kirchenbau Deutschlands. Bei dieser translatio ging Kaiser Friedrich II. in grauer Kutte der Prozession voran, nachdem er den Schädel Elisabeths mit einem Diadem gekrönt hatte – es wurde die prunkvollste translatio, die es in der Geschichte der Kanonisationen bis dahin gegeben hatte. Der erhaltengebliebene Schrein, der die Gebeine barg, ist von unerhörter Kostbarkeit, aus reinem Gold, mit 868 edlen Steinen besetzt, darunter ein halbes Hundert Gemmen und Kameen antiken und altorientalischen Ursprungs. Ablaßgelder aus der gesamten Christenheit waren eingetroffen, der Papst hatte die Bischöfe von Linköping bis Bethlehem beauftragt, für die Elisabethweihe Ablässe zu erteilen. Mit Händen zu greifen ist bei alldem, daß mit der Überhöhung Elisabeths die Deformierung ihrer historischen Gestalt einherging. Sie, die sich von der höfischen Welt abgewandt hatte, um in unverkürztem Sinne der Nachfolge Christi zu leben, wurde nun unter betäubender Begleitmusik »heimgeholt«, stilisiert, refeudalisiert, repolitisiert, wie Karl Demandt es in seiner Studie »Verfremdung und Wiederkehr der heiligen Elisabeth« genannt hat.

Am krassesten bekundet die Übergabe des Spitals an den Deutschen Orden die Verdrängung der wirklichen Elisabeth und ihres ursprünglichen Impulses: Zwar war der Orden als Spitalgemeinschaft in Palästina gegründet worden, doch hatte er seinen Charakter nicht erst mit der Belehnung von Rieti völlig gewandelt. Er verkörperte die geballte Aggressivität unversorgter Adelskreise, die nach einem geeigneten Ausbeutungsobjekt Ausschau hielten. Eine solche Erfahrung hatte vor 1226 Elisabeths Vater Endre II. gemacht, der den Deutschherren das siebenbürgische Burzenland zugewiesen hatte, aber die fremden Ritter wegen zunehmender Eigenmächtigkeiten aus dem Land werfen mußte.

Einer solchen Institution lag eine gerade auf die Ärmsten und Geringsten gerichtete caritas nicht als erstes Ziel am Weg. In dem 1254 errichteten Gebäudekomplex des Marburger Deutschordenshauses trat das neue Spital selbst hinter dem Fruchtspeicher an Größe zurück, und der Spittelmeister nahm unter den Vorstehern den letzten Platz ein. Später wurde das Spital zunehmend mit Ordensangehörigen und Pfründnern belegt, statt mit Kranken geringen Standes. 1525 klagte der Rat von Marburg, das Spital nähme »keinen Armen um Gottes willen auf, sondern nur solche Personen, die reiche Nahrung mitbrächten«.

Auch die Wallfahrt, die zeitweise nächst Santiago di Compostella den zweiten Platz in Europa einnahm, veränderte ihren Charakter, wurde »von einer Massenbewegung zu einer aristokratischen Devotionsbezeugung« (Demandt). Im thüringischen Erbfolgekrieg benutzte Sophie von Brabant Elisabeth geradezu als Standarte. Die Mantelreliquie wurde an den Fürstenhöfen als geburtshilfliches Segensmittel herumgereicht. Feudalisierender Elisabethkult drängte in die schriftliche und künstlerische Überlieferung das Bild der »Fürstin unter Fürstinnen« hinein, das noch Karl Wenck kolportierte. Hinter dieser übermalten Elisabeth hat jedoch auf den Bildnissen großer Meister wie Orcagna, Botticelli, van Eyck, Schäuffelein, Wohlgemuth, Dürer, Holbein, Murillo, Overbeck und Moritz von Schwind die wirkliche Elisabeth die Jahrhunderte überdauert. Unter der Oberfläche zeitverhafteter Modellierungen blieb das Eigene ihrer Leistung zu ahnen – hier liegt die Lösung des Rätsels einer Popularität, die auch die Reformation überdauerte.

Anhang

Literaturverzeichnis

A. Quellen:

Libellus de dictis quattuor ancillarum sanctae Elysabethae (Büchlein von den Aussagen der 4 Dienerinnen der Heiligen Elisabeth), zuerst gedruckt bei Johann Burchard Mencken, Scriptores rerum Germanicarum praecipue Saxonicarum, II, Leipzig 1728.

Quellenkritische Ausgabe des Libellus durch Albert Huyskens, Quellenstudien zur Geschichte der Heiligen Elisabeth, Landgräfin von Thüringen, Marburg 1908

Brief Konrads von Marburg an Papst Gregor IX. 1232 Oktober 11, abgedruckt bei Arthur Wyß, Hessisches Urkundenbuch, I, Nr. 34, Leipzig 1879

Ins Deutsche übersetzt durch Karl Wenck, als Anhang zu: Die hl. E., Tübingen 1908 (Sammlung gemeinverständlicher Vorträge und Schriften aus dem Gebiet der Theologie und Religionsgeschichte, 52)

Reinhardsbrunner Annalen, hrsg. von Franz Xaver Wegele, Leipzig 1854, enthalten die Anfang 14. Jahrhundert geschriebene Kompilation der um 1228 entstandenen, in der Urfassung verlorengegangenen »Vita Ludovici« des landgräflichen Kaplans Bertold

Friedrich Ködiz von Saalfeld, Leben des heiligen Ludwig, Landgrafen von Thüringen, eine 1306 bis 1314 entstandene mittelhochdeutsche Übersetzung der »Vita Ludovici«, hrsg. von Heinrich Rückert, Leipzig 1851

Päpstliche Kanonisationsbulle 1235 Juni 27, abgedruckt bei Wyß, HUB, I, Nr. 54, Leipzig 1879

Des Caesarius von Heisterbach Schriften über die hl. E. von Thüringen: Vita sancte Elyzabeth lantgravie und Sermo de translacione beate Elyzabeth, hrsg. von Albert Huyskens, in: Annalen des Historischen Vereins für den Niederrhein, H. 86, Köln 1908

Theodericus de Apolda, Vita S. Elizabethae, in: Canisius, Thesaurus monumentorum ecclesiasticorum sive lectiones antiquae, IV, Amsterdam 1725

B. Bibliographien:

Auer, Heinrich, Die heilige Elisabeth in der Literatur. Zusammenstellung von 300 Büchern, Broschüren und Aufsätzen nach den Beständen der Caritasbibliothek Freiburg im Breisgau, Freiburg i.Br. 1932

in: Mühlensiepen, Wilfried, Die Auffassung von der Gestalt der heiligen Elisabeth in der Darstellung seit 1795, o. O. (Marburg), Phil. Diss. 1949

C. Darstellungen:

Auer, Heinrich, Der junge Montalembert und sein Elisabeth-Buch. Zur Erinnerung an die hundertjährige Wiederkehr des Erscheinens der Erstausgabe 1836, Freiburg i.Br. 1936

Banasch, Rudolf, Die Niederlassungen der Franziskaner zwischen Weser und Elbe im 13. Jahrhundert, Erlangen 1891

Bargellini, Piero, Franziskus, Regensburg o. J. (1949)

Battes, Julius, Das Vordringen der Franziskaner in Hessen und die Entwicklung der einzelnen Konvente bis zur Reformation, in: Franziskanische Studien, 18. Jg. (1931), H. 3/4, S. 309-340

Benzien, Hans, Elisabeth von Thüringen, Berlin 1989

Bernecker, Ernst, Beiträge zur Chronologie der Regierung Ludwigs IV., des Heiligen, Landgrafen von Thüringen, Königsberg, Phil. Diss. 1880

Bihl, Michael, Die heilige Elisabeth von Thüringen als Terziarin, in: Franziskanische Studien, 18. Jg. (1931), H. 3/4, S. 259-293

Boerner, Gustav, Zur Kritik der Quellen für die Geschichte der heiligen Elisabeth, in: Neues Archiv der Gesellschaft für ältere Geschichtskunde, Bd. 13, 1888, H. 3, S. 433-515

Boros, Fortunatus, Die heilige Elisabeth in der ungarischen Geschichte, in: Franziskanische Studien, 18. Jg. (1931), H. 3/4, S. 232-241

Borst, Arno, Elisabeth, hl., Landgräfin von Thüringen, in: Neue Deutsche Biographie, Bd. IV, Berlin 1959

Braun, Paul, Der Beichtvater der heiligen Elisabeth und deutsche Inquisitor Konrad von Marburg, in: Beiträge zur hessischen Kirchengeschichte, N.F., Erg. Bd. IV, 1910/1911, H. 4, S. 248-300 und H. 5, S. 331-364

Bücher, Karl, Die Frauenfrage im Mittelalter, Tübingen 1910, 2. Auflage

Busse-Wilson, Elisabeth, Das Leben der heiligen Elisabeth von Thüringen. Das Abbild einer mittelalterlichen Seele, München 1931

Caemmerer, Ernst, Konrad – Landgraf von Thüringen, Hochmeister des Deutschen Ordens, in: Zeitschrift des Vereins für thüringische Geschichte und Altertumskunde, Bd. 27 (= N.F. Bd. 19), 1909, S. 349-394, Bd. 28 (= N.F. Bd. 20), 1911, S. 43-80

Clasen, Sophronius, Kritisches zur neueren Franziskusliteratur, in: Wissenschaft und Weisheit, 13. Jg. (1950), H. 3, S. 151-166.

Demandt, Karl, Verfremdung und Wiederkehr der heiligen Elisabeth, in: Hessisches Jahrbuch für Landesgeschichte, Bd. 22, Marburg 1972, S. 112 bis 161

Diemar, Heinrich (Hrsg.), Die Chroniken des Wigand Gerstenberg von Frankenberg, Marburg 1909

Elsner, Salesius, Sankt Elisabeth von Thüringen – ihre Darstellung in der Kunst, in: Franziskanische Studien, 18. Jg. (1931). H. 3/4, S. 305-331

Epperlein, Siegfried, Bauernbedrückung und Bauernwiderstand im hohen Mittelalter. Zur Erforschung der Ursachen bäuerlicher Abwanderung nach Osten im 12. und 13. Jahrhundert vorwiegend nach den Urkunden geistlicher Grundherrschaften, Berlin 1960

Erbstößer, Martin, und Ernst Werner, Ideologische Probleme des mittelalterlichen Plebejertums. Die freigeistige Häresie und ihre sozialen Wurzeln, Berlin 1960

Eßer, Kajetan, Anfänge und ursprüngliche Zielsetzungen des Ordens der Minderbrüder, Leiden 1966 (= Studia et documenta Franciscana)

Eßer, Kajetan, Die religiösen Bewegungen des Hochmittelalters und Franziskus von Assisi, in:

Erwin Iserloh und Peter Manns (Hrsg.), Festgabe Joseph Lortz, Bd. 2, Baden-Baden 1958, S. 287 bis 315

Eßer, Kajetan, Mysterium paupertatis. Die Armutsauffassung des heiligen Franziskus von Assisi, in: Wissenschaft und Weisheit, 14. Jg. (1951), H. 3, S. 177-189

Förg, Ludwig, Die Ketzerverfolgung in Deutschland unter Gregor IX. Ihre Bedeutung und ihre rechtlichen Grundlagen, Berlin 1932 (= Historische Studien, H. 218)

Galli, Mario von, Gelebte Zukunft, in: Otto Ogiermann (Hrsg.), Mitten unter uns – Franziskus von Assisi, Leipzig 1976

Greven, Joseph, Die Anfänge der Beginen. Ein Beitrag zur Geschichte der Volksfröm-
migkeit und des Ordenswesens im Hochmittelalter, Münster i.W. 1912 (= Vorrefor-
mationsgeschichtliche Forschungen)

Grundmann, Herbert, Religiöse Bewegungen im Mittelalter. Untersuchungen über die
geschichtlichen Zusammenhänge zwischen der Ketzerei, den Bettelorden und der religiösen Frauenbewegung im 12. und 13. Jahrhundert und über die geschichtlichen
Grundlagen der deutschen Mystik, Berlin 1935 (= Historische Studien, 267)

Gloger, Bruno, Kaiser, Gott und Teufel. Friedrich II. von Hohenstaufen in: Geschichte
und Sage, Berlin 1970

Hamburger, Klára, Franz Liszt, Budapest 1973

Hardick, Lothar, Franziskus, die Wende der mittelalterlichen Frömmigkeit, in: Wissenschaft und Weisheit, 13. Jg. (1950), H. 3, S. 129-141

Haselbeck, Gallus, Die heilige Elisabeth und ihre Beichtväter Bruder Rodeger und
Konrad von Marburg. Eine Kritik der Hypothese Wencks, in: Franziskanische Studien, 18. Jg. (1931), H. 3/4, S. 294-308

Haseloff, Arthur, Eine thüringisch-sächsische Malerschule des 13. Jahrhunderts, Straßburg 1897 (= Studien zur deutschen Kunstgeschichte, H. 9)

Heijman, H., Untersuchungen über die Prämonstratenser-Gewohnheiten, in: Analecta
Praemonstratensia, Bd. IV, 1928, H. 1, S. 5-29, H. 2, S. 113-131, H. 3, S. 226-241, H. 4,
S. 351-373

Hermelink, Heinrich, Die heilige Elisabeth im Lichte der Frömmigkeit ihrer Zeit, Marburg 1932

Heymann, Ernst, Zum Ehegüterrecht der heiligen Elisabeth, in: Zeitschrift des Vereins
für thüringische Geschichte und Altertumskunde, Bd. 27 (= N.F. Bd. 19), 1909, H. 1,
S. 1-22

Hoffmann, Helga, Die Fresken Moritz von Schwinds auf der Wartburg, Berlin 1976

Huyskens, Albert, Die heilige Elisabeth von Thüringen, in: Korrespondenzblatt des
Gesamtvereins der deutschen Geschichts- und Altertumsvereine, 77. Jg. (1929), Nr.
10-12, Spp. 222-235

Huyskens, Albert (Hrsg.), Der sogenannte Libellus de dictis quattuor ancillarum sanctae Elysabethae confectus, Kempten/München 1911

Karrer, Otto, Elisabeth-Biographien, in: Hochland, 29. Jg. (1931/32), Bd. 1, H. 4, S.
366-370

Kiel, Elfriede, Die große Liebende, Leipzig 1976, 4. Auflage

Kluge, Bernd, Brakteaten – Deutsche Münzen des Hochmittelalters, Berlin 1976 (=
Kleine Schriften des Münzkabinetts Berlin, 2)

Koch, Gottfried, Frauenfrage und Ketzertum im Mittelalter. Die Frauenbewegung im
Rahmen des Katharismus und des Waldensertums und ihre sozialen Wurzeln (12.-
14. Jahrhundert), Berlin 1962

Kranz, Gisbert, Elisabeth von Thüringen, wie sie wirklich war, Augsburg 1961

Kremer, Joseph, Beiträge zur Geschichte der klösterlichen Niederlassungen Eisenachs
im Mittelalter, in: Quellen und Abhandlungen zur Geschichte der Abtei und Diözese
Fulda, Fulda 1905

Le Goff, Jacques, Das Hoch-Mittelalter, Frankfurt/Main 1965 (= Fischer-
Weltgeschichte, Bd. 11)

Lemmens, Leonhard, Zur Biographie der heiligen Elisabeth, in: Mitteilungen des historischen Vereins der Diözese Fulda, Bd. 4, 1902, S. 1-24

Makkai, László, Von der Landnahme bis Mohács, in: Geschichte Ungarns, Budapest
1971

Maresch, Maria, Elisabeth, Landgräfin von Thüringen. Ein altes deutsches Heiligenle-
ben im Lichte der neueren geschichtlichen Forschung, Mönchen-Gladbach 1918 (=
Führer des Volkes, Nr. 23)

Mátyás, János, Liszt Ferenc – Szent Erszébet Legendája (Begleitheft der Schallplatten-ausgabe des Oratoriums von Hungarton), Budapest 1977

Maurer, Wilhelm, Zum Verständnis der heiligen Elisabeth, in: Zeitschrift für Kirchen-geschichte, Vierte Folge, III, Bd. 65, 1953/54, H. 1 und 2, S. 16-64

May, Karl Hermann, Zur Geschichte Konrads von Marburg, in: Hessisches Jahrbuch für Landesgeschichte, 1, Marburg 1951

Mielke, Helmuth, Zur Biographie der heiligen Elisabeth. Rostock, Phil. Diss. 1888

Montalembert, Charles-Forbes-René, Graf von, Das Leben der heiligen Elisabeth von Ungarn, Landgräfin von Thüringen und Hessen (Deutsche Übersetzung von Johann Philipp Städtler), Aachen und Leipzig 1837

Mühlensiepen, Wilfried, Die Auffassung von der Gestalt der heiligen Elisabeth in der Darstellung seit 1795, o.O. (Marburg), Phil.Diss. 1949

Noth, Werner, Die Wartburg, Leipzig 1974, 4. Auflage

Ogiermann, Otto (Hrsg.), Mitten unter uns – Franziskus von Assisi, Leipzig 1976

Patze, Hans, Die Entstehung der Landesherrschaft in Thüringen, Teil 1, Köln/Graz 1962 (= Mitteldeutsche Forschungen. 22)

Raubaum, Jörg, Für Gott und die Freiheit. Von Meslier bis Lamennais – französische Christen zwischen Reform und Revolution, Berlin 1976

Reicke, Siegfried, Das deutsche Spital und sein Recht im Mittelalter, Stuttgart 1932 (= Kirchenrechtliche Abhandlungen, H. 111/112, 113/114)

Robeck, Nesta de, Elisabeth von Ungarn, o.O. (Bonn), o.J. (1958)

Roggen, Heribert, Die Lebensform des heiligen Franziskus in ihrem Verhältnis zur feu-dalen und bürgerlichen Gesellschaft, in: Franziskanische Studien, 46. Jg. (1964), H. 1/2, S. 287-321

Rückert, Heinrich (Hrsg.), Das Leben des heiligen Ludwig, übersetzt von Friedrich Kö-diz von Saalfeld, Leipzig 1851

Sancta Elisabeth. Fürstin, Dienerin, Heilige. Hg. von der Universität Marburg und dem Hessischen Landesamt für geschichtliche Landeskunde, Sigmaringen 1981.

Schmoll, Friedrich, Die heilige Elisabeth in der bildenden Kunst des 13. und 16. Jahr-hunderts, Marburg 1918 (= Beiträge zur Kunstgeschichte Hessens und des Rhein-Main-Gebietes, Bd. III)

Schneider, Reinhold, Elisabeth von Thüringen, in: Die Großen Deutschen, Bd. 1, Ber-lin 1956, S. 130 ff.

Schreiber, Georg, Gemeinschaften des Mittelalters. Recht und Verfassung, Kult und Frömmigkeit, Münster i.W. 1948

Sommerlad, Bernhard, Der Deutsche Orden in Thüringen. Geschichte der Deutschor-densballei Thüringens von ihrer Gründung bis zum Ausgang des 15. Jahrhunderts, Halle 1931 (= Forschungen zur thüringisch-sächsischen Geschichte, H. 10)

Stern, Leo, und Horst Gericke, Deutschland in der Feudalepoche von der Mitte des 11. bis zur Mitte des 13. Jahrhunderts, Berlin 1964 (= Lehrbuch der deutschen Geschich-te. 2.2)

Storch, Ludwig, Sancta Elisabeth. Wartburgbilder von Moritz von Schwind, Leipzig 1860

Töpfer, Bernhard, und Evamaria Engel, Vom staufischen Imperium zum Hausmacht-königtum – deutsche Geschichte vom Wormser Konkordat 1122 bis zur Doppelwahl von 1314, Weimar 1976

Tümmler, Hans, Geschichte der Grafen von Gleichen von ihrem Ursprung bis zum Ver-kauf des Eichsfeldes, ca. 1100-1294, Neustadt/Orla 1929

Waas, Adolf, Vogtei und Bede in der deutschen Kaiserzeit, Berlin 1919/23 (= Arbeiten zur deutschen Rechts- und Verfassungsgeschichte, H. 1.5)

Wagner, Richard, Die äußere Politik Ludwigs IV., Landgrafen von Thüringen, in: Zeit-schrift des Vereins für thüringische Geschichte und Altertumskunde, Bd. 27 (= N.F. Bd. 19), 1909, H. 1, S. 23-82

Wegele, Franz Xaver, Die heilige Elisabeth von Thüringen, in: Historische Zeitschrift, Bd. 5, 1861, S. 351-397

Wenck, Karl, Die Entstehung der Reinhardsbrunner Geschichtsbücher, Halle 1878

Wenck, Karl, Die heilige Elisabeth, in: Historische Zeitschrift, Bd. 69 (= N.F. 33), 1892, S. 209-244

Wenck, Karl, Die heilige Elisabeth und Papst Gregor IX., in: Hochland, 5. Jg. (1907), H. 11, S. 129-147

Wenck, Karl, Die heilige Elisabeth, Tübingen 1908 (= Sammlung gemeinverständlicher Vorträge und Schriften aus dem Gebiet der Theologie und Religionsgeschichte, Nr. 52)

Wenck, Karl, Quellenuntersuchungen und Texte zur Geschichte der heiligen Elisabeth, in: Neues Archiv der Gesellschaft für ältere deutsche Geschichtskunde, Bd. 34, 1909, S. 427-502

Wendelborn, Gert, Franziskus von Assisi, Leipzig 1977

Werner, Ernst, Pauperes Christi. Studien zu sozial-religiösen Bewegungen im Zeitalter des Reformpapsttums, Leipzig 1956

Winter, Franz, Die Cistercienser des nordöstlichen Deutschlands bis zum Auftreten der Bettelorden. Ein Beitrag zur Kirchen- und Culturgeschichte des deutschen Mittelalters, Gotha 1868

Zeller, Winfried, Zur Frömmigkeit der heiligen Elisabeth, in: Derselbe, Theologie und Frömmigkeit, Marburg 1971

Personenregister

Inhalt

e 4,45

Bildnachweis:
Deutsche Fotothek, Dresden S. 70
Nationalgalerie, Prag Titelbild und S. 68
Archiv Wartburg-Stiftung, Eisenach S. 77
Eberhard Renno, S. 17-24, 41-48, 51-54
Alle übrigen Fotos stammen von Klaus G. Beyer, Weimar.